AF222246

Impressum
Verlag: BABADADA GmbH, Nedderfeld 112 , 22529 Hamburg
Geschäftsführer / Verlagsleitung: Harald Hof
Druck: Books on Demand GmbH, In de Tarpen 42, 22848 Norderstedt

Imprint
Publisher: BABADADA GmbH, Nedderfeld 112 , 22529 Hamburg, Germany
Managing Director / Publishing direction: Harald Hof
Print: Books on Demand GmbH, In de Tarpen 42, 22848 Norderstedt

colegio
ໂຮງຮຽນ

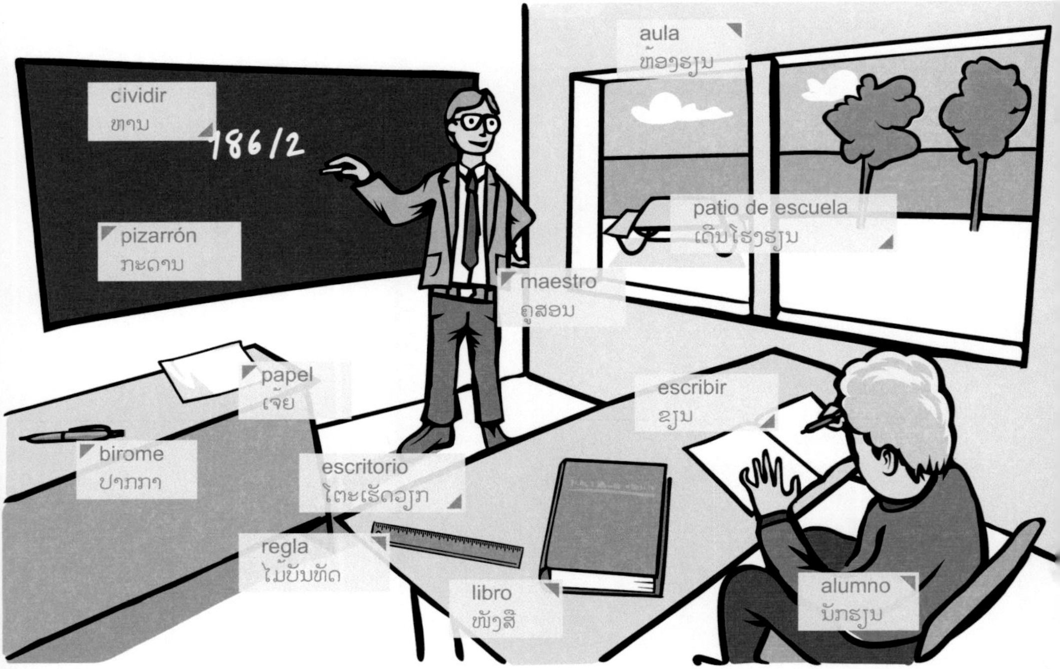
aula
ຫ້ອງຮຽນ
cividir
ຫານ
186/2
pizarrón
ກະດານ
patio de escuela
ເດີ່ນໂຮງຮຽນ
maestro
ຄູສອນ
papel
ເຈ້ຍ
escribir
ຂຽນ
birome
ປາກກາ
escritorio
ໂຕະເຮັດວຽກ
regla
ໄມ້ບັນທັດ
libro
ໜັງສື
alumno
ນັກຮຽນ

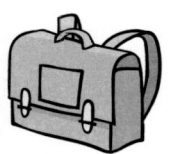

mochila
ກະເປົາໃສ່ປຶ້ມທີ່ມີສາຍພາຍ

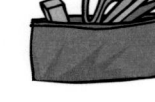

caja de lápices
ກັບສໍດຳ

lápiz
ສໍດຳ

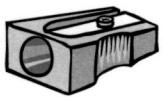

sacapuntas
ເຄື່ອງແຫຼມສໍ

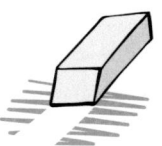

goma (de borrar)
ຢາງລຶບ

bloc de dibujo
ສະໝຸດແຕ້ມຮູບ

dibujo

ພາບວາດ

pincel

ແປງທາສີ

caja de pinturas

ກ່ອງສີ

tijera

ມິດຕັດ

pegamento

ກາວ

cuaderno de ejercicios

ປຶ້ມເຝິກຫັດ

tarea

ວຽກບ້ານ

número

ຕົວເລກ

sumar

ບວກ

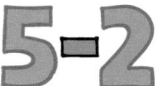

restar

ລົບ

multiplicar

ຄູນ

calcular

ຄິດໄລ່

letra

ຕົວອັກສອນ

abecedario

ພະຍັນຊະນະ

palabra

ຄຳສັບ

texto

ຂໍ້ຄວາມ

leer

ອ່ານ

tiza

ສໍຂາວ

lección

ບົດຮຽນ

cuaderno de clase

ສົ້ງກະບຽນ

examen

ການສອບເສັງ

certificado

ໃບຢັ້ງຢືນ

uniforme escolar

ຊຸດນັກຮຽນ

educación

ການສຶກສາ

enciclopedia

ປຶ້ມຮວບຮວມຄວາມຮູ້ສາລະພັດ

universidad

ມະຫາວິທະຍາໄລ

microscopio

ກ້ອງຈຸລະທັດ

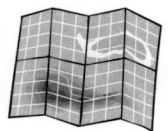

mapa

ແຜນທີ່

tacho (de basura)

ກະຕ່າໃສ່ເສດເຈ້ຍ

hotel
ໂຮງແຮມ

Grand

hostel
ໂຮສເຫລ

ROOMS

casa de cambio
ບ່ອນແລກປ່ຽນເງິນຕາ

EXCHANGE

valija
ກະເປົາເດີນທາງ

auto
ລົດຍົນ

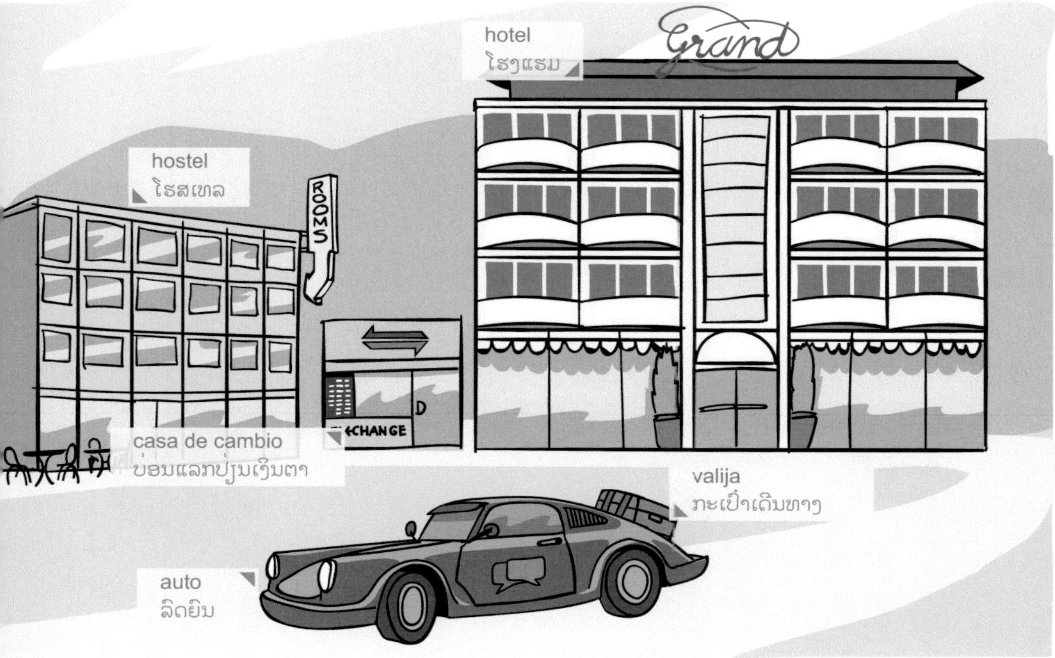

idioma

ພາສາ

sí / no

ແມ່ນ / ບໍ່ແມ່ນ

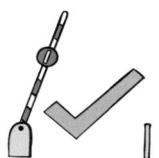

Está bien

ຕົກລົງ

hola

ສະບາຍດີ

traductor

ນັກແປພາສາ

Gracias

ຂອບໃຈ

¿cuánto cuesta…?

ລາຄາເທົ່າໃດ…?

No entiendo

ຂ້ອຍບໍ່ເຂົ້າໃຈ

problema

ບັນຫາ

¡Buenas tardes!

ສະບາຍດີຕອນແລງ!

¡Buenos días!

ສະບາຍດີຕອນເຊົ້າ!

¡Buenas noches!

ລາຕິສະຫວັດ

adiós

ລາກ່ອນ

dirección

ທິດທາງ

equipaje

ກະເປົ໋າເດິນທາງ

bolso

ກະເປົ໋າ

mochila

ກະເປົ໋າພາຍຫຼັງ

invitado

ແຂກ

habitación

ຫ້ອງ

bolsa de dormir

ຖົງໃສ່ເຄື່ອງນອນ

carpa

ເຕັ້ນ

información turística

ຂໍ້ມູນນັກທ່ອງທ່ຽວ

playa

ຊາຍຫາດ

tarjeta de crédito

ບັດເຄຣດິດ

desayuno

ອາຫານເຊົ້າ

almuerzo

ອາຫານທ່ຽງ

cena

ອາຫານແລງ

pasaje

ປີ້

ascensor

ລິຟ

sello

ສະແຕມ

frontera

ພົມແດນ

aduana

ພາສີ

embajada

ສະຖານທູດ

visa

ວີຊາ

pasaporte

ໜັງສືຜ່ານແດນ

transporte
ຂົນສົ່ງ

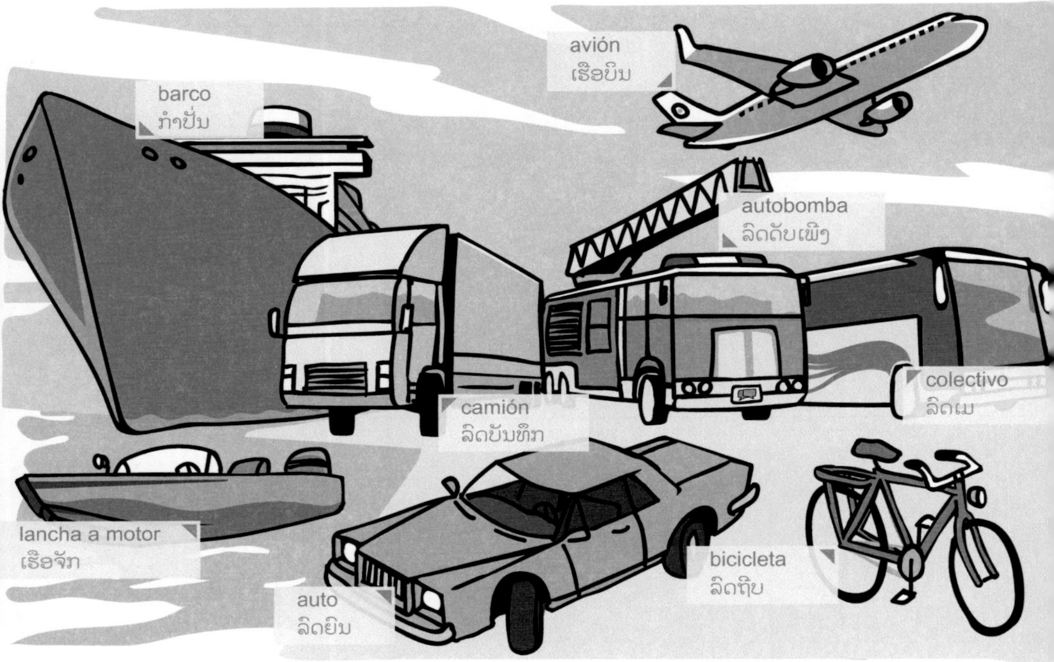
avión
ເຮືອບິນ
barco
ກຳປັ່ນ
autobomba
ລົດດັບເພີງ
colectivo
ລົດເມ
camión
ລົດບັນທຶກ
lancha a motor
ເຮືອຈັກ
bicicleta
ລົດຖີບ
auto
ລົດຍົນ

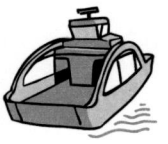

ferry

ເຮືອຂ້າມຟາກ

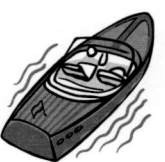

bote

ເຮືອ

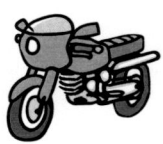

moto

ລົດຈັກ

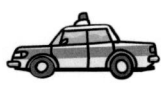

patrullero

ລົດຕຳຫຼວດ

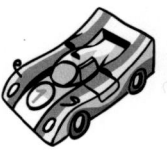

auto de carreras

ລົດແຂ່ງ

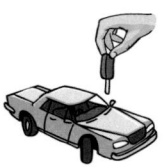

auto de alquiler

ລົດເຊົ່າ

alquiler de autos

ການແບ່ງປັບກັບໃຊ້ລົດ

grúa

ລົດລາກ

camión de basura

ລົດຂົນຂີ້ເຍື້ອ

motor

ເຄື່ອງຍົນ

nafta

ເຊື້ອໄຟ

estación de servicio

ປ້ຳນ້ຳມັນ

señal de tránsito

ປ້າຍຈາລະຈອນ

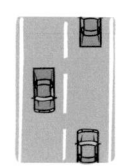

tránsito

ການຈາລະຈອນ

embotellamiento

ການຈາລະຈອນຕິດຂັດ

estacionamiento

ບ່ອນຈອດລົດ

estación de tren

ສະຖານີລົດໄຟ

vías

ລາງລົດໄຟ

tren

ລົດໄຟ

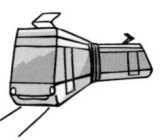

tranvía

ລົດລາງ

vagón

ຕູ້ລົດໄຟ

helicóptero

ເຮລິຄອບເຕີ

aeropuerto

ສະໜາມບິນ

torre

ຫໍຄອຍ

pasajero

ຜູ້ໂດຍສານ

contenedor

ຕູ້ບັນຈຸສິນຄ້າ

caja de cartón

ກ່ອງເຈ້ຍ

carretilla

ກວຽນ

canasta

ກະຕ່າ

despegar / aterrizar

ເຮືອບິນຂຶ້ນ / ເຮືອບິນລົງຈອດ

ciudad

ເມືອງ

pueblo

ບ້ານ

centro de ciudad

ໃຈກາງເມືອງ

casa

ເຮືອນ

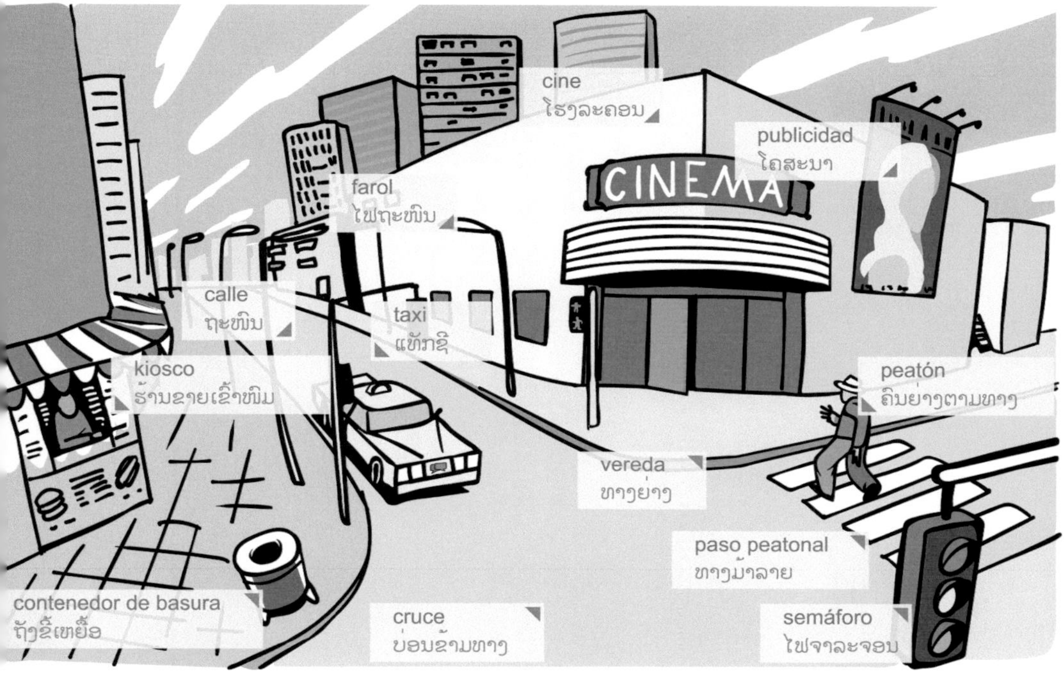

cine
ໂຮງລະຄອນ

publicidad
ໂຄສະນາ

farol
ໄຟຖະໜົນ

CINEMA

calle
ຖະໜົນ

taxi
ແທັກຊີ່

kiosco
ຮ້ານຂາຍເຂົ້າໜົມ

peatón
ຄົນຍ່າງຕາມທາງ

vereda
ທາງຍ່າງ

paso peatonal
ທາງມ້າລາຍ

contenedor de basura
ຖັງຂີ້ເຫຍື້ອ

cruce
ບ່ອນຂ້າມທາງ

semáforo
ໄຟຈາລະຈອນ

cabaña

ຕູບ

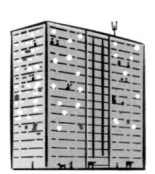

departamento

ແฟລດ

estación de tren

ສະຖານີລົດໄຟ

municipalidad

ໂຮງການເມືອງ

museo

ຫໍພິພິດຕະພັນ

colegio

ໂຮງຮຽນ

universidad

ມະຫາວິທະຍາໄລ

banco

ທະນາຄານ

hospital

ໂຮງໝໍ

hotel

ໂຮງແຮມ

farmacia

ຮ້ານຂາຍຢາ

oficina

ຫ້ອງການ

librería

ຮ້ານຂາຍໜັງສື

negocio

ຮ້ານຄ້າ

florería

ຮ້ານຂາຍດອກໄມ້

supermercado

ຊູບເປີມາກເກັດ

mercado

ຕະຫຼາດ

grandes tiendas

ຫ້າງສັບພະສິນຄ້າ

pescadería

ຮ້ານຂາຍປາ

centro comercial

ສູນການຄ້າ

puerto

ທ່າເຮືອ

parque

ສວນສາທາລະນະ

banco

ແປ້ນມ້າ

puente

ຂົວ

escaleras

ຂັ້ນໄດ

subte

ລົດໄຟໃຕ້ດິນ

túnel

ອຸໂມງ

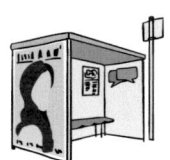

parada del colectivo

ປ້າຍລົດເມ

bar

ຮ້ານຂາຍເຫຼົ້າ

restaurante

ຮ້ານອາຫານ

buzón

ຕູ້ໄປສະນີ

letrero

ປ້າຍຊື່ຖະໜົນ

parquímetro

ມິເຕີເກັບຄ່າຈອດລົດ

zoológico

ສວນສັດ

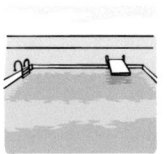

pileta

ສະລອຍນ້ຳ

mezquita

ວັດມຸດສະລິມ

granja

ຟາມ

contaminación

ມົນລະພິດ

cementerio

ສຸສານ

iglesia

ໂບດ

juegos infantiles

ເຄິ່ງຫຼິ້ນຂອງເດັກນ້ອຍ

templo

ວັດມຸດສະລິມ

paisaje
ພູມິປະເທດ

hoja
ໃບໄມ້

poste indicador
ປ້າຍບອກທາງ

camino
ທາງ

pradera
ທົ່ງຫຍ້າ

piedra
ກ້ອນຫີນ

árbol
ຕົ້ນໄມ້

excursionista
ນັກເດີນທາງໄກດ້ວຍການຍ່າງ

río
ແມ່ນ້ຳ

hierba
ຫຍ້າ

flor
ດອກໄມ້

valle

ຮ່ອມພູ

montaña

ເນີນເຂົາ

lago

ທະເລສາບ

bosque

ປ່າ

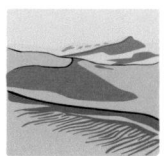

desierto

ທະເລຊາຍ

volcán

ພູເຂົາໄຟ

castillo

ທຳປະສາດ

arco iris

ຮຸ້ງກິນນ້ຳ

champiñón

ເຫັດ

palmera

ຕົ້ນປາມ

mosquito

ຍຸງ

mosca

ແມງວັນ

hormiga

ມົດ

abeja

ເຜິ້ງ

araña

ແມງມຸມ

escarabajo

ແມງປິກແຂງ

rana

ກົບ

ardilla

ກະຮອກ

erizo

ເໝັ້ນ

liebre

ກະຕ່າຍປ່າ

lechuza

ນົກເຄົ້າ

pájaro

ນົກ

cisne

ຫົງ

jabalí

ໝູປ່າຕົວຜູ້

ciervo

ກວາງ

alce

ກວາງໃຫຍ່

presa

ເຂື່ອນ

aerogenerador

ພາກົນ

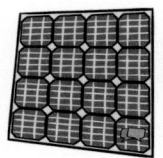

panel solar

ແຜງໄຊລາເຊລ

clima

ສະພາບອາກາດ

restaurante
ຮ້ານອາຫານ

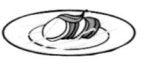

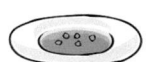

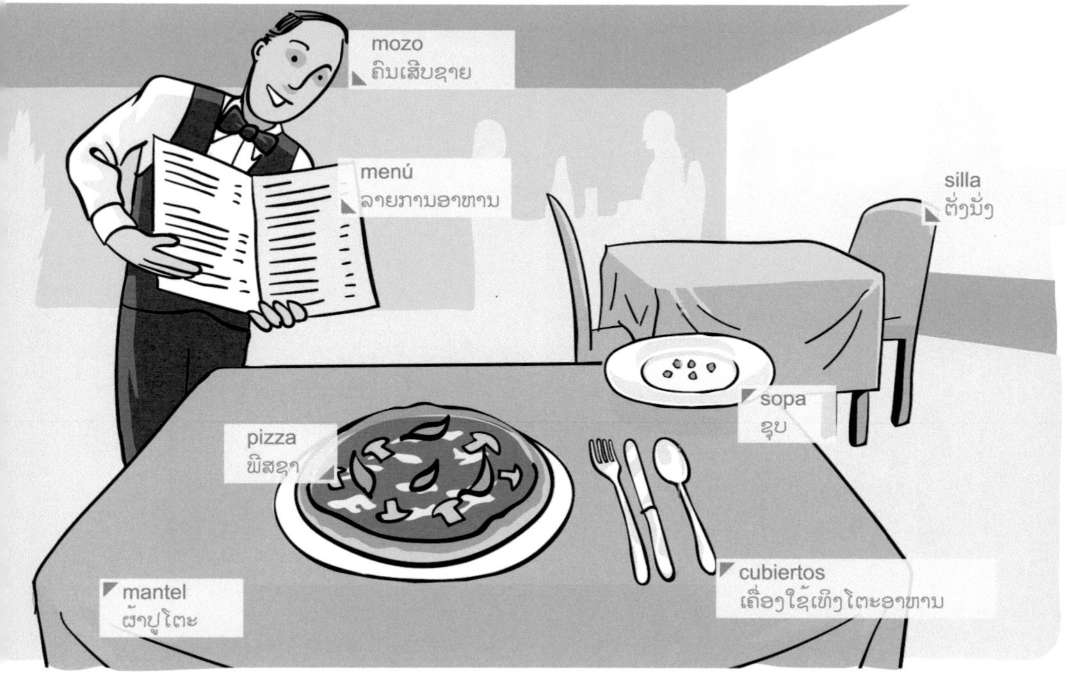
mozo
ຄົນເສີບຊາຍ
menú
ລາຍການອາຫານ
silla
ຕັ່ງນັ່ງ
sopa
ຊຸບ
pizza
ພິສຊາ
cubiertos
ເຄື່ອງໃຊ້ເທິງໂຕະອາຫານ
mantel
ຜ້າປູໂຕະ

entrada

ອາຫານເລີ່ມຕົ້ນ

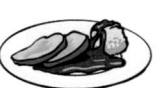

plato principal

ອາຫານຈານຫຼັກ

postre

ຂອງຫວານ

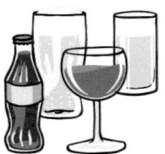

bebidas

ເຄື່ອງດື່ມ

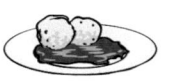

comida

ອາຫານ

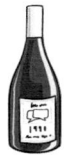

botella

ຂວດແກ້ວ

comida rápida

ອາຫານຈານດ່ວນ

comida callejera

ຮ້ານຂ້າງທາງ

tetera

ເຕົ້າບໍ້ຊາ

azucarera

ຖ້ວຍບັຖຕານ

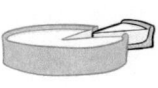

porción

ສ່ວນແບ່ງອາຫານສຳລັບໜຶ່ງຄົນ

cafetera expreso

ເຄື່ອງຊົງກາເຟເອສເປຣສໂຊ

sillita alta

ເກົ້າອີ້ສູງ

cuenta

ໃບເກັບເງິນ

bandeja

ຖາດ

cuchillo

ມິດ

tenedor

ສ້ອມ

cuchara

ບ່ວງ

cucharita

ຊ້ອນຊາ

servilleta

ຜ້າເຊັດປາກຢູ່ໂຕະອາຫານ

vaso

ຈອກແກ້ວ

plato

ຈານ

plato hondo

ຈານຊຸບ

plato

ຈານຮອງ

salsa

ຊອສ

salero

ກະປຸກເກືອ

molinillo de pimienta

ກະປຸກພິກໄທ

vinagre

ນ້ຳສົ້ມສາຍຊູ

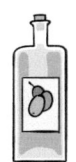

aceite

ນ້ຳມັນພືດ

especias

ເຄື່ອງເທດ

kétchup

ຊອສໝາກເດັ່ນ

mostaza

ຜັກຈຳພວກຜັກກາດ

mayonesa

ມາຍອນເນສ

supermercado
ຊູບເປີມາກເກັດ

oferta especial
ຂໍ້ສະເໜີພິເສດ
FOR
cliente
ລູກຄ້າ
lácteos
ຜະລິດຕະພັນທີ່ເຮັດຈາກນົມ
fruta
ໝາກໄມ້
changuito
ລົດຊຸກ

BUTCHERS

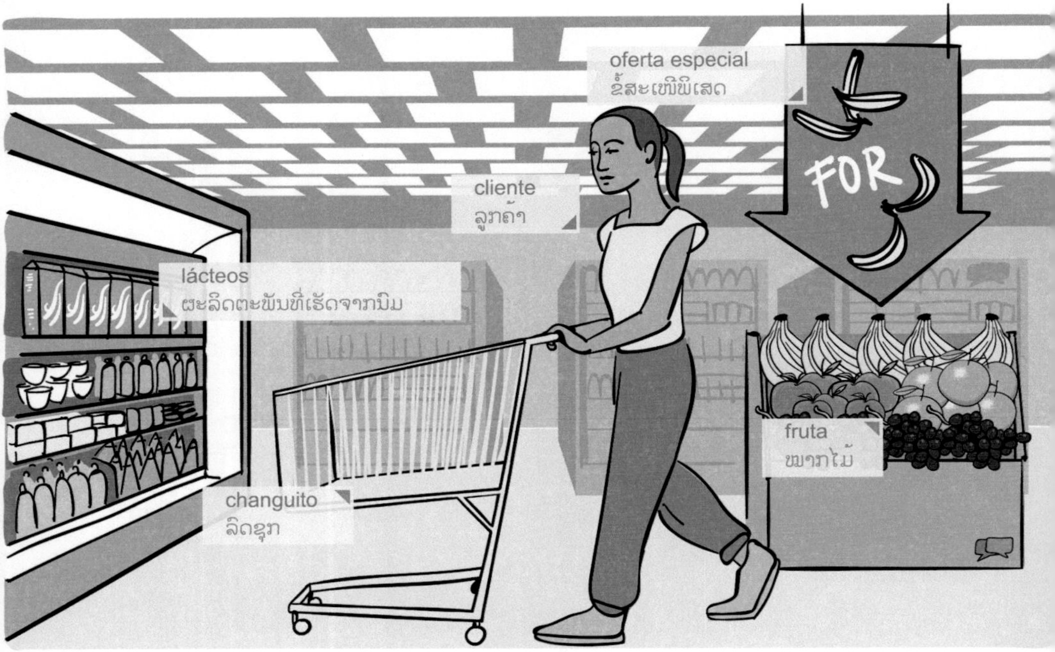

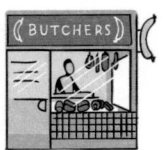

carnicería

ຮ້ານຂາຍຊີ້ນ

BAKERY

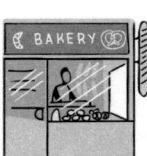

panadería

ຮ້ານຂາຍເຂົ້າໜົມປັງ

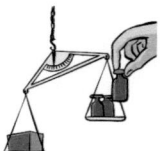

pesar

ຊັ່ງນ້ຳໜັກ

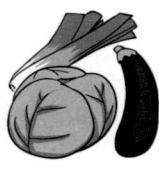

verduras

ຜັກ

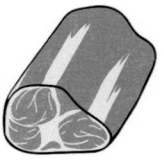

carne

ຊີ້ນ

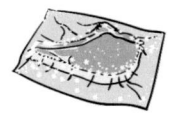

alimentos congelados

ອາຫານແຊ່ແຂງ

fiambres

ຊີ້ນເຢັນ

alimentos enlatados

ອາຫານກະປ໋ອງ

detergente en polvo

ແຟ່ບຊັກເຄື່ອງ

golosinas

ເຂົ້າໜົມຫວານ

electrodomésticos

ຜະລິດຕະພັນໃນຄົວເຮືອນ

productos de limpieza

ຜະລິດຕະພັນທຳຄວາມສະອາດ

vendedora

ພະນັກງານຂາຍຍິງ

caja

ເຄື່ອງຄິດເງິນ

cajero

ພະນັກງານເກັບສິດ

lista de compras

ລາຍການຊື້ເຄື່ອງ

horario de atención

ເວລາເປີດເຮັດວຽກ

billetera

ກະເປົາເງິນ

tarjeta de crédito

ບັດເຄຣດິດ

cartera

ຖົງ

bolsa de plástico

ຖົງຢາງ

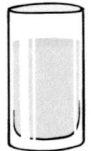

agua

ນ້ຳ

jugo

ນ້ຳໝາກໄມ້

leche

ນົມ

bebida cola

ໂຄກ

vino

ວາຍ

cerveza

ເບຍ

alcohol

ເຫຼົ້າ

cacao

ໂກໂກ້

té

ຊາ

café

ກາເຟ

café expreso

ເອສເປຣສໂຊ

cappuccino

ຄາປູຊິໂນ

banana

ໝາກກ້ວຍ

manzana

ແອັບເປິ້ນ

naranja

ໝາກກ້ຽງ

melón

ໝາກໂມ

limón

ໝາກນາວ

zanahoria

ຫົວກະລິດ

ajo

ຜັກຫຼມ

bambú

ໜໍ່ໄມ້

cebolla

ຫອມບົ່ວ

champiñón

ເຫັດ

nueces

ຖົ່ວ

fideos

ເສັ້ນໝີ່

tallarines

ສະປາແກັດຕີ້

arroz

ເຂົ້າ

ensalada

ສະຫຼັດ

papas fritas

ມັນຝຣັ່ງທອດ

papas fritas

ມັນຝຣັ່ງທອດ

pizza

ພິສຊາ

hamburguesa

ແຮມເບີເກີ້

sándwich

ແຊນວິດຈ໌

churrasco

ຊີ້ນຕິດກະດູກ

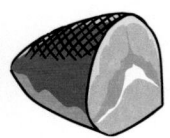

jamón

ແຮມ

salame

ໄສ້ກອກແຫ້ງຊາລາມິ

salchicha

ໄສ້ກອກ

pollo

ໄກ່

asado

ຍ້າງ

pescado

ປາ

copos de avena

ເຂົ້າປຸກເຂົ້າໂອດ

muesli

ອາຫານຊະນິດເປັນເມັດກອບ

copos de maíz

ເຂົ້າຂຍບເປັນປຽງນ້ອຍໆ

harina

ເຂົ້າແປ້ງ

medialuna

ເຂົ້າຈີ່ຊະນິດໜຶ່ງມີຮູບເດືອນເຄິ່ງ
ໜວຍ

pancito

ເຂົ້າໜົມປັ່ງແບບມ້ອນ

pan

ເຂົ້າໜົມປັ່ງ

tostada

ເຂົ້າໜົມປັ່ງປີ້ງ

galletitas

ເຂົ້າໜົມປັ່ງຊະນິດທອບນ້ອຍ

manteca

ເນີຍ

cuajada

ນ້ຳນົມແຂ້ນ

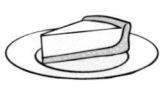

torta

ເຄກ

huevo

ໄຂ່

huevo frito

ໄຂ່ດາວ

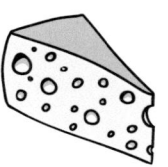

queso

ເນີຍແຂງ

helado

ກະແລ້ມ

azúcar

ນ້ຳຕານ

miel

ນ້ຳເຜິ້ງ

mermelada

ແຍມ

pasta de chocolate

ຊ້ອກໂກແລັດຄຣີມສະເປຣດ

curry

ກະລີ່

granja
ຟາມ

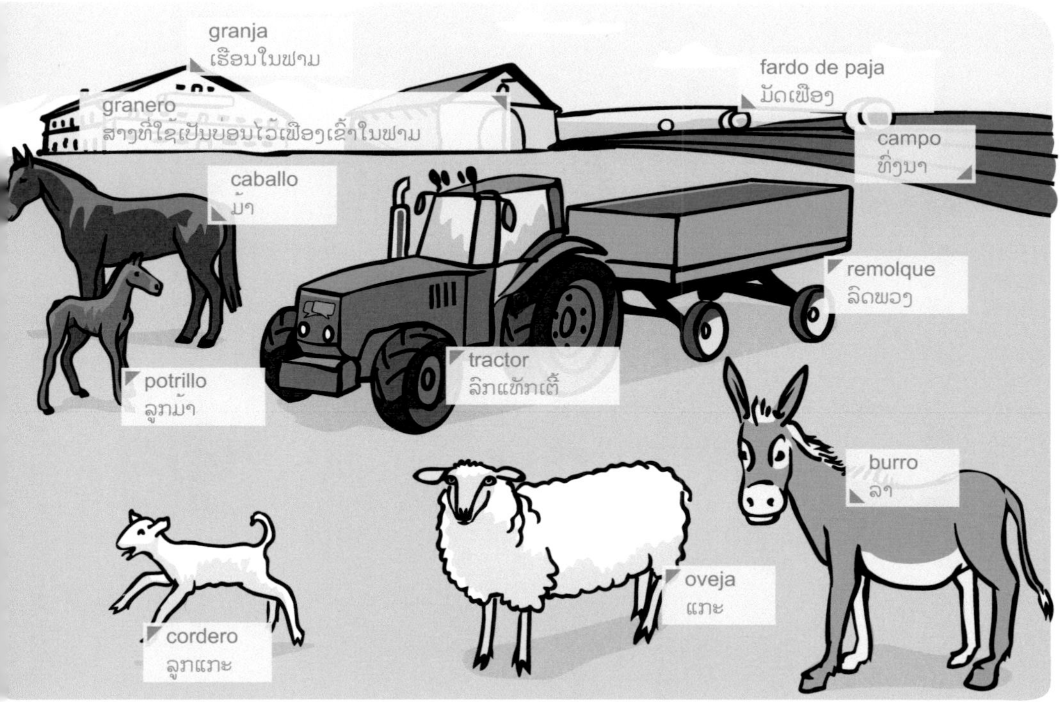

granja
ເຮືອນໃນຟາມ
fardo de paja
ມັດເຟືອງ
granero
ສາງທີ່ໃຊ້ເປັນບ່ອນໄວ້ເຟືອງເຂົ້າໃນຟາມ
campo
ທົ່ງນາ
caballo
ມ້າ
remolque
ລົດພວງ
tractor
ລົດແທັກເຕີ້
potrillo
ລູກມ້າ
burro
ລາ
oveja
ແກະ
cordero
ລູກແກະ

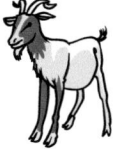

cabra

ແກະ

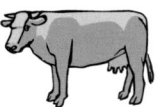

vaca

ງົວຕົວແມ່

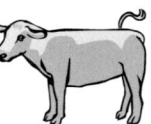

ternero

ລູກງົວ

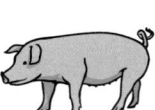

cerdo

ໝູ

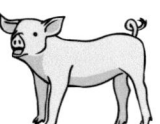

lechón

ລູກໝູ

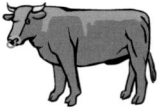

toro

ງົວຕົວຜູ້

ganso

ຫ່ານ

pato

ເປັດ

pollo

ລູກໄກ່

gallina

ແມ່ໄກ່

gallo

ໄກ່ຜູ້

rata

ໜູ

gato

ແມວ

ratón

ໜູ

buey

ງົວຕົວຜູ້

perro

ໝາ

cucha

ຄອກໝາ

manguera

ສາຍທໍ່ຢາງທີ່ໃຊ້ໃນສວນ

regadera

ຄຸວດຕົ້ນໄມ້

guadaña

ກ່ຽວດ້າມຍາວ

arado

ຄັນໄຖ

hoz

ກ່ຽວ

azada

ຈົກ

horquilla

ຄາດ

hacha

ຂວານ

carretilla

ລົດຍູ້ລໍ້ດຽວ

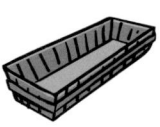

abrevadero

ທາງລິນ

lechera

ປ່ອງນິມ

bolsa

ກະສອບ

reja

ຮົ້ວ

establo

ຄອກມ້າ

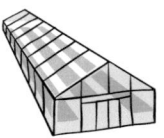

invernadero

ເຮືອນກະຈົກ

suelo

ດິນ

semilla

ແກ່ນ

fertilizador

ປຸຍ

cosechadora

ເຄື່ອງກ່ຽວເຂົ້າ

cosechar

ເກັບກ່ຽວ

cosecha

ການເກັບກ່ຽວ

batatas

ເຜືອກ

trigo

ເຂົ້າສາລີ

soja

ຖົ່ວເຫຼືອງ

papa

ມັນຝຣັ່ງ

maíz

ເຂົ້າໂພດ

semilla de colza

ດອກເຣພຊີດ

árbol frutal

ຕົ້ນໄມ້ທີ່ອອກໝາກ

mandioca

ມັນຕົ້ນ

cereales

ພິດຊະນິດເມັດ

casa
ເຮືອນ

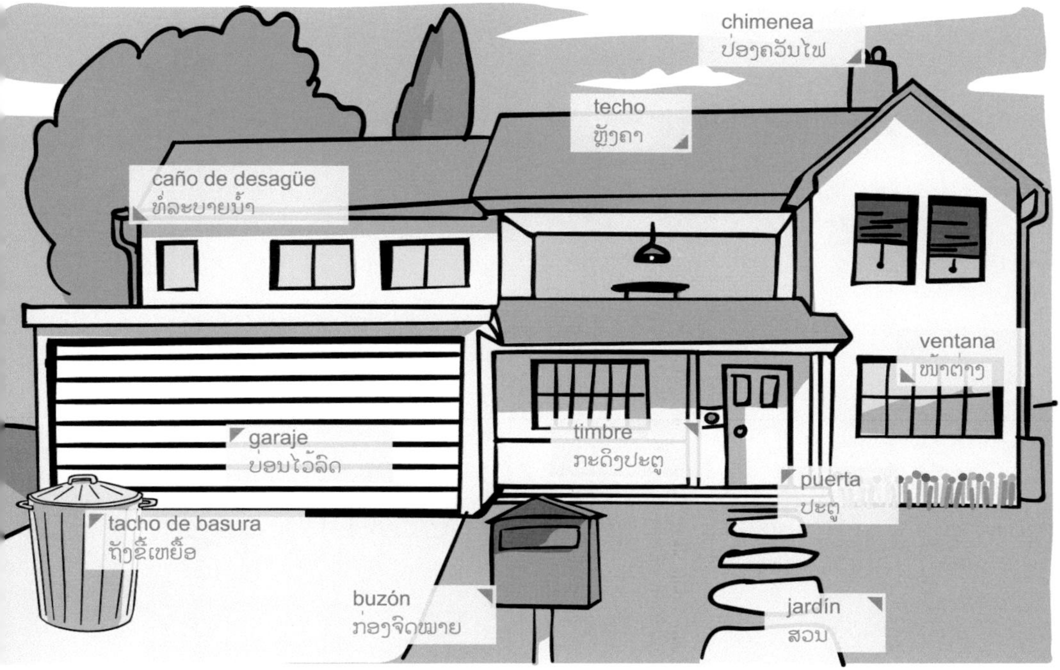
chimenea
ປ່ອງຄວັນໄຟ
techo
ຫຼັງຄາ
caño de desagüe
ທໍ່ລະບາຍນ້ຳ
ventana
ໜ້າຕ່າງ
garaje
ບ່ອນໄວ້ລົດ
timbre
ກະດິ່ງປະຕູ
puerta
ປະຕູ
tacho de basura
ຖັງຂີ້ເຫຍື້ອ
buzón
ກ່ອງຈົດໝາຍ
jardín
ສວນ

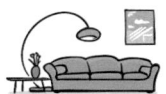

living

ຫ້ອງຮັບແຂກ

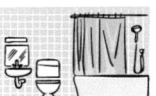

baño

ຫ້ອງນ້ຳ

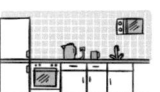

cocina

ຫ້ອງຄົວ

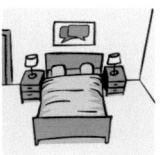

dormitorio

ຫ້ອງນອນ

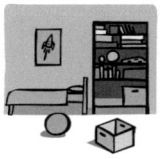

cuarto de los chicos

ຫ້ອງພັກສຳລັບເດັກນ້ອຍ

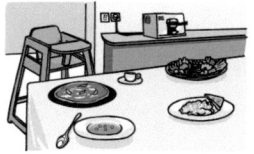

comedor

ຫ້ອງອາຫານ

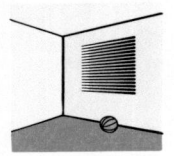

piso

ພື້ນ

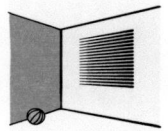

pared

ຝາຜະໜັງ

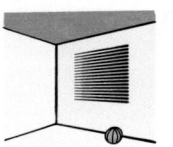

cielorraso

ເພດານ

sótano

ຫ້ອງເກັບເຄື່ອງໃຕ້ດິນ

sauna

ຫ້ອງອົບອາຍນ້ຳ

balcón

ລະບຽງ

terraza

ຊັ້ນຕາມຂ້າງພູ

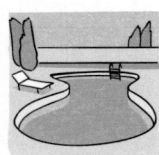

pileta

ສະລອຍນ້ຳ

cortadora de pasto

ເຄື່ອງຕັດຫຍ້າ

sábana

ຜ້າປູບ່ອນນອນ

acolchado

ຜ້າປູຕຽງ

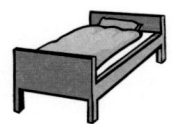

cama

ຕຽງ

escoba

ຟອຍ

balde

ຖຸ

interruptor

ສະວິດ

living

ຫອງຮັບແຂກ

empapelado
ພາບພື້ນຫຼັງ
imagen
ຮູບພາບ
lámpara
ໂຄມໄຟ
estante
ຊັ້ນວາງຂອງ
armario
ຕູ້
televisión
ໂທລະທັດ
chimenea
ເຕົາຜີງ
flor
ດອກໄມ້
almohadón
ເບາະນັ່ງ
sofá
ໂຊຟາ
florero
ໂຖໃສ່ດອກໄມ້
control remoto
ຣີໂໝດຄວບຄຸມ

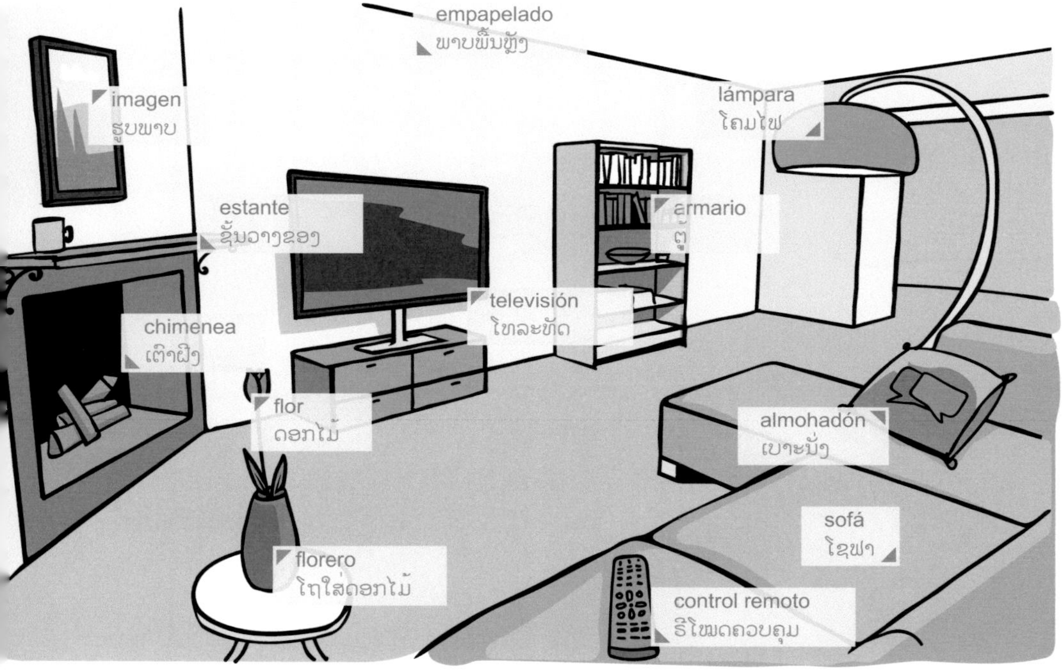

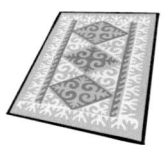

alfombra

ພົມປູພື້ນ

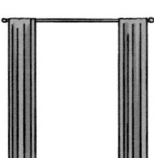

cortina

ຜ້າກັ້ງ

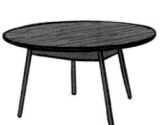

mesa

ໂຕະ

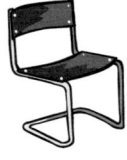

silla

ຕັ່ງນັ່ງ

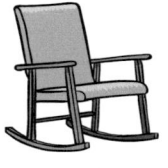

mecedora

ຕັ່ງນັ່ງແບບໂຍກໄດ້

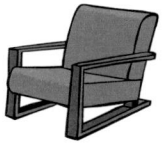

sillón

ຕັ່ງນັ່ງທີ່ມີບ່ອນວາງແຂນ

libro

ໜັງສື

frazada

ຜ້າຫົ່ມ

decoración

ຂອງຕົກແຕ່ງ

leña

ຟືນ

película

ຮູບເງົາ

equipo de música

ເຄື່ອງສຽງລະບົບໄຮໄຟ

llave

ກະແຈ

diario

ໜັງສືພິມ

pintura

ການແຕ້ມຮູບ

póster

ໂປສເຕີ

radio

ວິທະຍຸ

cuaderno

ແຜ່ນບັນທຶກ

aspiradora

ເຄື່ອງດູດຝຸ່ນ

cactus

ຕົ້ນກະບອງເພັດ

vela

ທຽນໄຂ

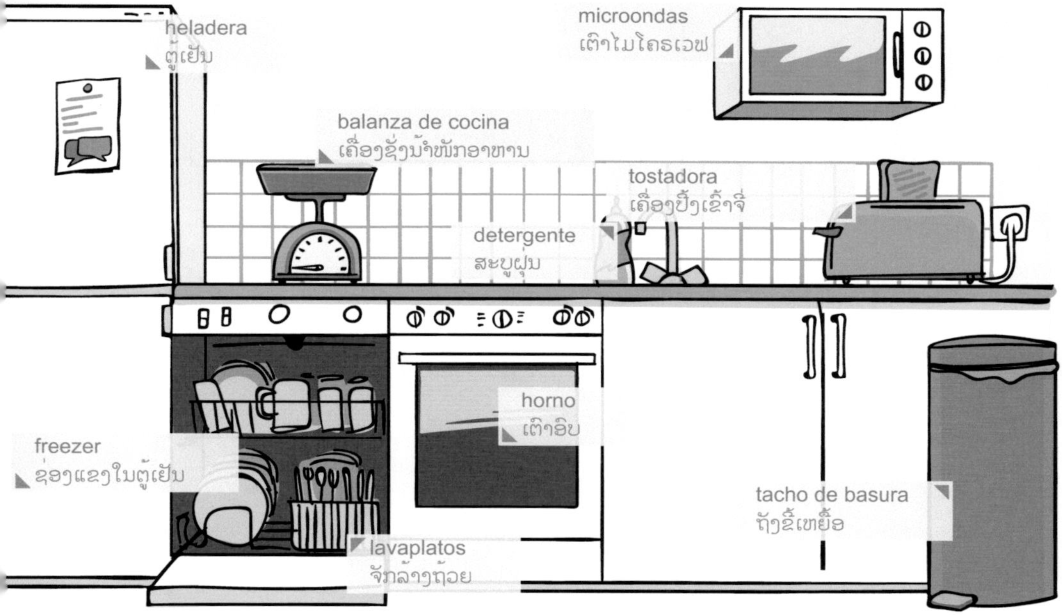

heladera
ຕູ້ເຢັນ

microondas
ເຕົາໄມໂຄຣເວຟ

balanza de cocina
ເຄື່ອງຊັ່ງນ້ຳໜັກອາຫານ

tostadora
ເຄື່ອງປີ້ງເຂົ້າຈີ່

detergente
ສະບູຝຸ່ນ

freezer
ຊ່ອງແຊ່ງໃນຕູ້ເຢັນ

horno
ເຕົາອົບ

lavaplatos
ຈັກລ້າງຖ້ວຍ

tacho de basura
ຖັງຂີ້ເຫຍື້ອ

cocina	olla	olla de hierro fundido
ໝໍ້ຕົ້ມ	ໝໍ້	ໝໍ້ເຫຼັກຫຼໍ່

wok	sartén	pava
ໝໍ້ກະທະຈືນ	ໝໍ້ກະທະກົ້ນແບນ	ກາຕົ້ມນ້ຳ

vaporera

ໝໍ້ໂອນ້ຳ

bandeja de horno

ຖາດອົບ

vajilla

ເຄື່ອງຖ້ວຍຊາມ

taza

ຈອກທີນ

bol

ຖ້ວຍ

palitos

ໄມ້ທູ່

cucharón

ຈອງດ້າມຍາວ

estpátula

ຕະຫຼິວ

batidora

ເຄື່ອງຕີໄຂ່

colador

ກະຊອນ

colador

ເຄື່ອງຮ່ອນ

rallador

ເຫັຽກຂູດ

mortero

ຄຶກ

parrilla

ບາບີຄິວ

fogata

ແຄມໄຟຖາງອອນ

tabla de picar

ຂຽງ

palo de amasar

ໄມ້ບົດແປ້ງ

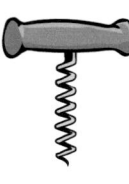

sacacorchos

ເຫຼັກໄຂຄອບແກ້ວ

lata

ກະປ໋ອງ

abrelatas

ເຄື່ອງເປີດກະປ໋ອງ

manopla

ຖົງມືຈັບຂອງຮ້ອນ

pileta

ອ່າງລ້າງຈານ

cepillo

ແປງ

esponja

ຟອງນ້ຳ

batidora

ເຄື່ອງປັ່ນ

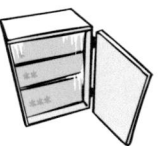

congelador

ຕູ້ແຊແຂງ

mamadera

ຂວດນົມ

canilla

ກ໊ອກນ້ຳ

baño

ຫ້ອງນ້ຳ

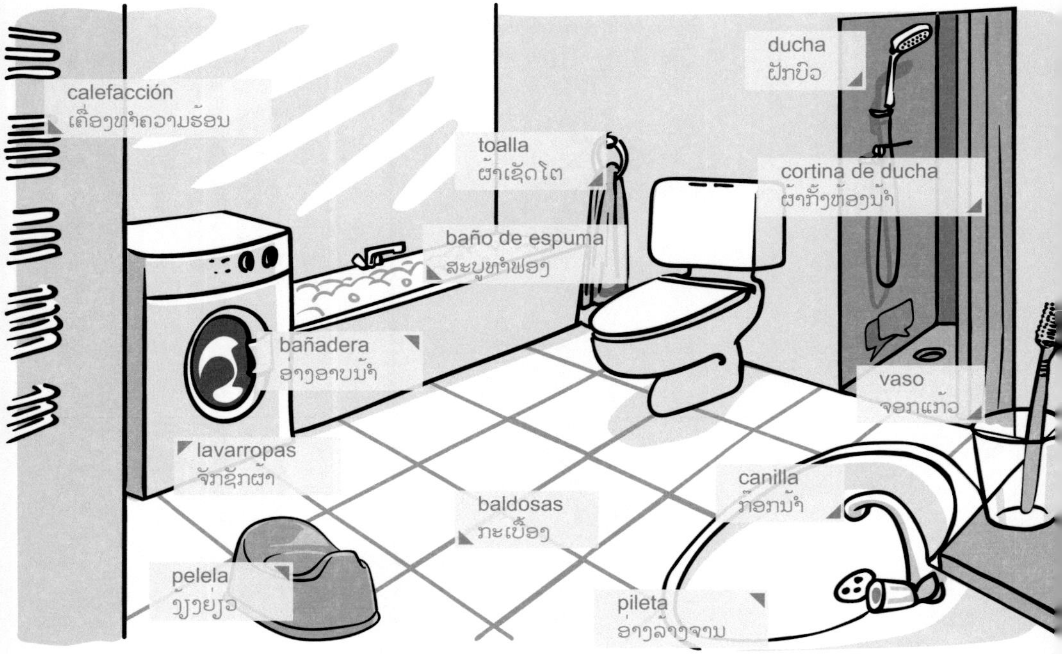

calefacción
ເຄື່ອງທຳຄວາມຮ້ອນ
toalla
ຜ້າເຊັດໂຕ
ducha
ຝັກບົວ
cortina de ducha
ຜ້າກັ້ງຫ້ອງນ້ຳ
baño de espuma
ສະບູທຳຟອງ
bañadera
ອ່າງອາບນ້ຳ
vaso
ຈອກແກ້ວ
lavarropas
ຈັກຊັກຜ້າ
canilla
ກ໊ອກນ້ຳ
baldosas
ກະເບື້ອງ
pelela
ໂງ່ງຍ່ຽວ
pileta
ອ່າງລ້າງຈານ

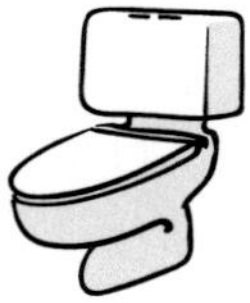

inodoro
ຫ້ອງສ້ວມ

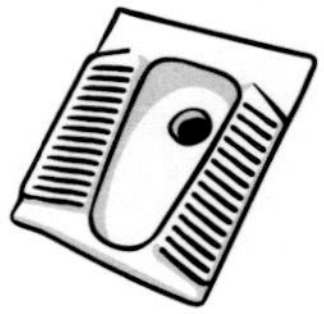

letrina
ໂຖສ້ວມແບບນັ່ງຍອງ

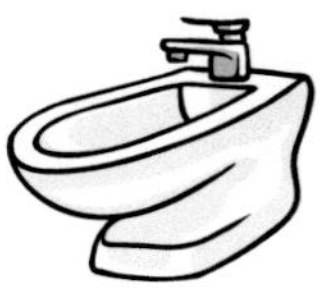

bidé
ໂຖຍ່ຽວຂອງຜູ້ຍິງ

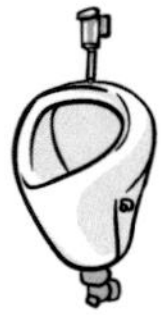

mingitorio
ໂຖຍ່ຽວຂອງຜູ້ຊາຍ

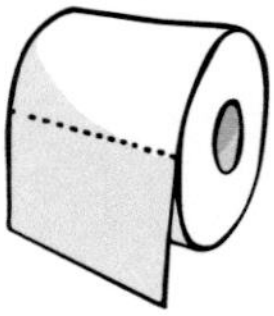

papel higiénico
ກະດາດຊຳລະທີ່ໃຊ້ໃນຫ້ອງນ້ຳ

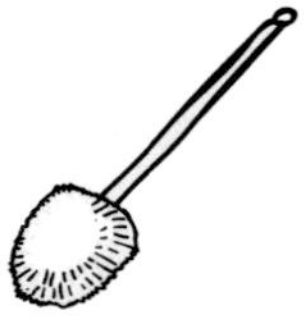

cepillo para el inodoro
ແປງຂັດຫ້ອງນ້ຳ

cepillo de dientes

ແປງສີຟັນ

dentífrico

ຢາສີຟັນ

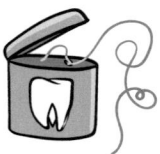

hilo dental

ໄຫມຂັດແຂ້ວ

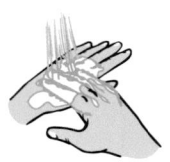

lavar

ລ້າງ

ducha de mano

ຝັກບົວອາບນ້ຳທີ່ໃຊ້ມືຈັບ

ducha higiénica

ເຄື່ອງສິດລ້າງ

palangana

ອ່າງລ້າງໜ້າ

cepillo para espalda

ແປງຖູຫຼັງ

jabón

ສະບູ

gel de ducha

ເຈລອາບນ້ຳ

shampoo

ແຊມພູ

toallita

ຜ້າຖູໂຕນ້ອຍ

desagüe

ທໍ່ລະບາຍນ້ຳເສຍ

crema

ຄີມ

desodorante

ຢາດັບກິ່ນ

espejo

ແວ່ນແຍງ

espejito

ແວ່ນມີຖື

maquinita de afeitar

ມີດແຖຂວດ

espuma de afeitar

ໂຟມແຖຂວດ

aftershave

ໂລຊັ່ນບຳລຸຜິວຫຼັງແຖຂວດ

peine

ຫວີ

cepillo

ແປງ

secador de pelo

ຈັກເປົ່າຜົມ

spray

ສະເປຊີດຜົມ

maquillaje

ຊຸດເຄື່ອງສຳອາງ

lápiz de labios

ລິບສະຕິກທາສົບ

esmalte para uñas

ນ້ຳຢາທາເລັບ

algodón

ສຳລີ

tijera para uñas

ມີດຕັດເລັບ

perfume

ນ້ຳຫອມ

portacosméticos

ກະເປົ໋າອາບນ້ຳ

banqueta

ຕັ່ງສາມຂາ

balanza

ເຄື່ອງຊັ່ງນ້ຳໜັກ

bata

ເສື້ອຄຸມອາບນ້ຳ

guantes de goma

ຖົງມືຢາງ

tampón

ຜ້າອະນາໄມແບບສອດ

toallita femenina

ຜ້າອະນາໄມ

baño químico

ຫ້ອງນ້ຳເຄມີ

ຫ້ອງພັກສຳລັບເດັກນ້ອຍ

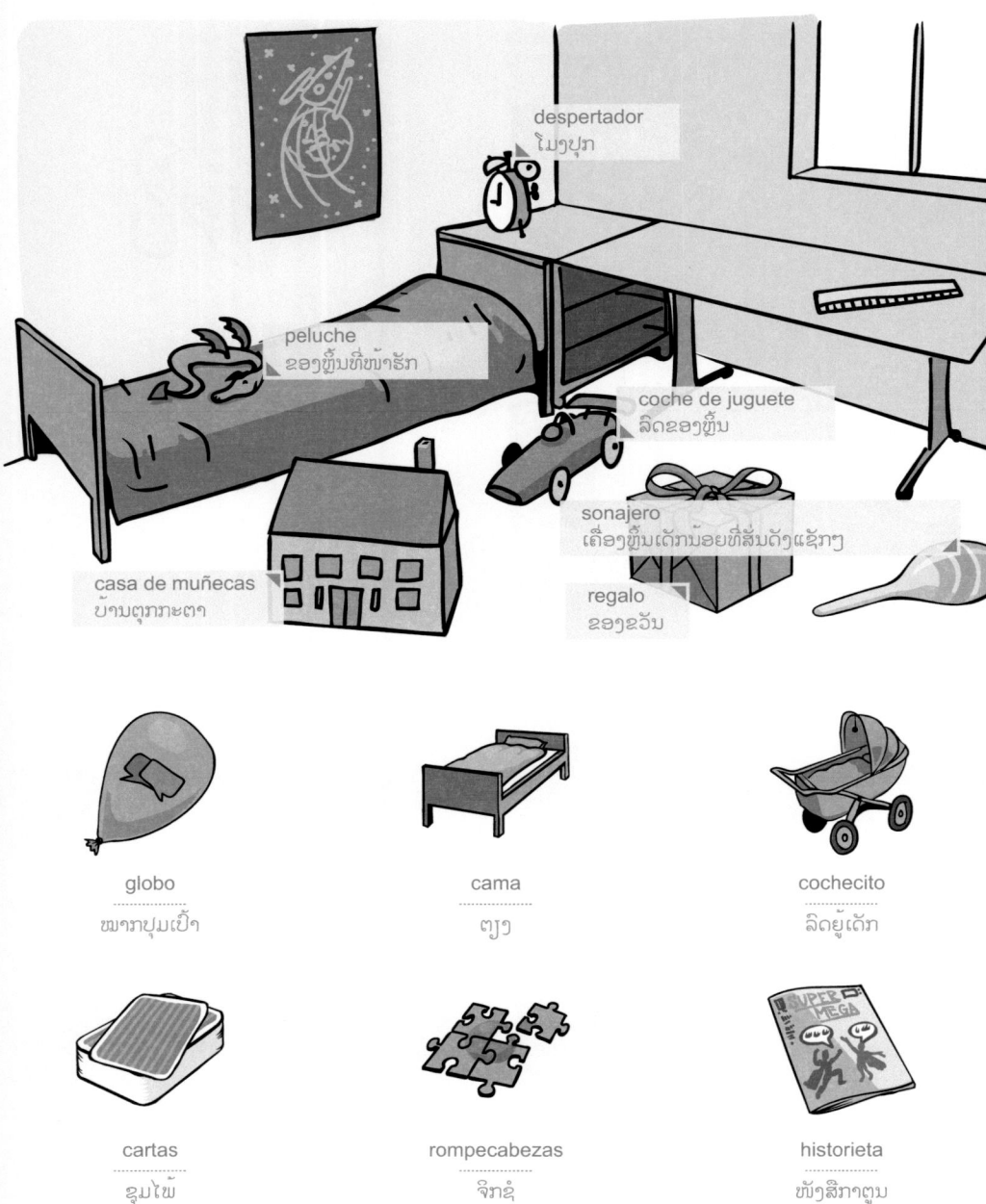

despertador
ໂມງປຸກ

peluche
ຂອງຫຼິ້ນທີ່ຂ້າຮັກ

coche de juguete
ລົດຂອງຫຼິ້ນ

sonajero
ເຄື່ອງຫຼິ້ນເດັກນ້ອຍທີ່ສັ່ນດັ່ງແຊັກໆ

casa de muñecas
ບ້ານຕຸກກະຕາ

regalo
ຂອງຂວັນ

globo
ໝາກປຸມເປົ້າ

cama
ຕຽງ

cochecito
ລົດຍູ້ເດັກ

cartas
ຊຸມໄພ້

rompecabezas
ຈິກຊໍ

historieta
ໜັງສືກາຕູນ

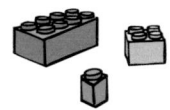

piezas de lego

ຕົ໋ວຕໍ່ເລໂກ້

ladrillos de juguete

ບລ໋ອກຂອງຫຼິ້ນ

figura de acción

ຮູບປັ້ນທີ່ເຄື່ອນໄຫວໄດ້

enterito (de bebé)

ເສື້ອຜ້າເດັກເກີດໃໝ່

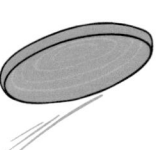

frisbee

ຈານບິນ

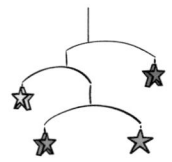

móvil para bebés

ສິ່ງທີ່ແກວ່າງໄປມາແຂນຢູ່ເທິງທິວ
ຕຽງເດັກນ້ອຍ

juego de mesa

ເກມກະດານ

dados

ໝາກກະລ໋ອກ

tren eléctrico

ຊຸດລົດໄຟຈຳລອງ

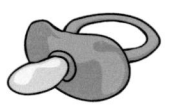

chupete

ຮູບທຸນ

fiesta

ງານລ້ຽງ

libro de cuentos ilustrado

ໜັງສືພາບ

pelota

ໝາກບານ

muñeca

ຕຸກກະຕາ

jugar

ຫຼິ້ນ

arenero

ຂຸມດິນຊາຍສຳລັບເດັກນ້ອຍຫຼິ້ນ

hamaca

ຊິງຊ້າ

juguetes

ຂອງຫຼິ້ນ

consola de videojuegos

ເຄື່ອງຫຼິ້ນວິດີໂອເກມ

triciclo

ລົດຖີບສາມລໍ້

osito de peluche

ຕຸກກະຕາໝີ

armario

ຕູ້ເສື້ອຜ້າ

---

ropa

ເສື້ອຜ້າ

medias

ລອງເທົ້າ

medias panty

ຖົງເທົ້າຍາວຜູ້ຍິງ

calzas

ໂສ້ງຍືດແບບເນື້ອ

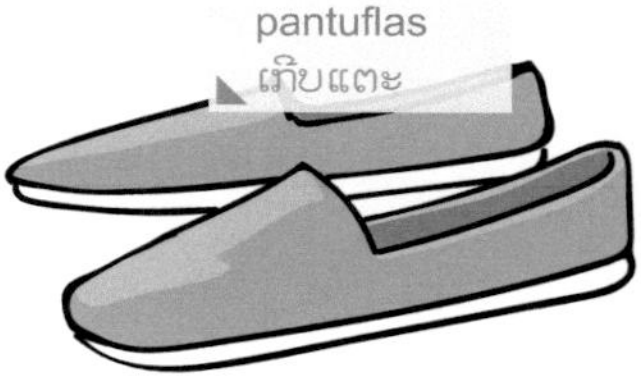

bufanda
ຜ້າພັນຄໍ

paraguas
ຄັນຮົ່ມ

remera
ເສື້ອຍືດຄໍມົນ

cinturón
ສາຍແອວ

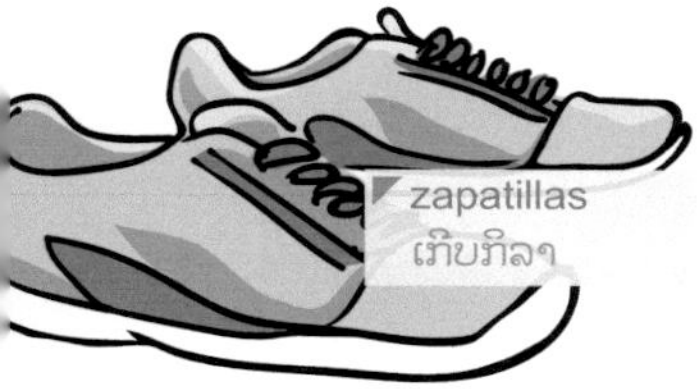

botas
ເກີບບູດຫ້

pantuflas
ເກີບແຕະ

zapatillas
ເກີບກິລາໆ

sandalias
....
ເກີບຊ້າງດາມ

zapatos
....
ເກີບ

botas de goma
....
ເກີບບູດຫ້ຍາໆ

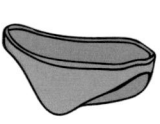

ropa interior
....
ໂສ້ງຊ້ອນໃນ

corpiño
....
ເສື້ອຊ້ອນໃນ

chaleco
....
ເສື້ອກ້ານ

body

ເສື້ອຮັດໜຸ່ນ

pantalones

ໂສ້ງຂາຍາວ

jeans

ໂສ້ງຢີນ

pollera

ກະໂປ່ງ

blusa

ເສື້ອຜູ້ຍິງ

camisa

ເສື້ອເຊີດ

pulóver

ເສື້ອກັນໜາວ

buzo

ເສື້ອຄຸມມີໝວກ

blazer

ເສື້ອໃຫຍ່ທີ່ຕິດກາໂຮງຮຽນຫຼືກາທີມກິລາ

campera

ເສື້ອແຈັກເກັດ

tapado

ເສື້ອນອກ

piloto

ເສື້ອກັນຝົນ

traje

ເຄື່ອງແຕ່ງກາຍ

vestido

ກະໂປ່ງ

vestido de novia

ຊຸດແຕ່ງງານ

traje

ເສື້ອສູດ

camisón

ຊຸດລາຕີ

pijama

ຊຸດນອນ

sari

ຊຸດຊາຣິ

pañuelo para cabeza

ຜ້າຄຸມຫົວ

turbante

ຜ້າພັນຫົວ

burka

ເສື້ອບຸຣຸເກາະ

caftán

ເສື້ອຄຸມຄາຟຕານ

abaya

ເສື້ອຄຸມອາບາຢາ

traje de baño

ຊຸດລອຍນ້ຳ

short de baño

ໂສ້ງໃສ່ລອຍນ້ຳ

shorts

ໂສ້ງຂາສັ້ນ

jogging

ຊຸດວອມ

delantal

ຜ້າກັນເປື້ອນ

guantes

ຖົງມື

ropa - ເສື້ອຜ້າ

botón

ກະດຸມ

anteojos

ແວ່ນຕາ

pulsera

ປອກແຂນ

collar

ສ້ອຍຄໍ

anillo

ແຫວນ

aro

ຕຸ້ມຫູ

gorra

ໝວກແກັບ

percha

ກັງແຂນເສື້ອນອກ

sombrero

ໝວກ

corbata

ກາລະຫວັດ

cierre

ຊິບ

casco

ໝວກກັນກະທົບ

tiradores

ສາຍໂຍງໂສ້ງ

uniforme escolar

ຊຸດນັກຮຽນ

uniforme

ເຄື່ອງແບບ

babero

ຜ້າກັນເປື້ອນເດັກ

chupete

ຮູບທຸນ

pañal

ຜ້າອ້ອມ

oficina

ຫ້ອງການ

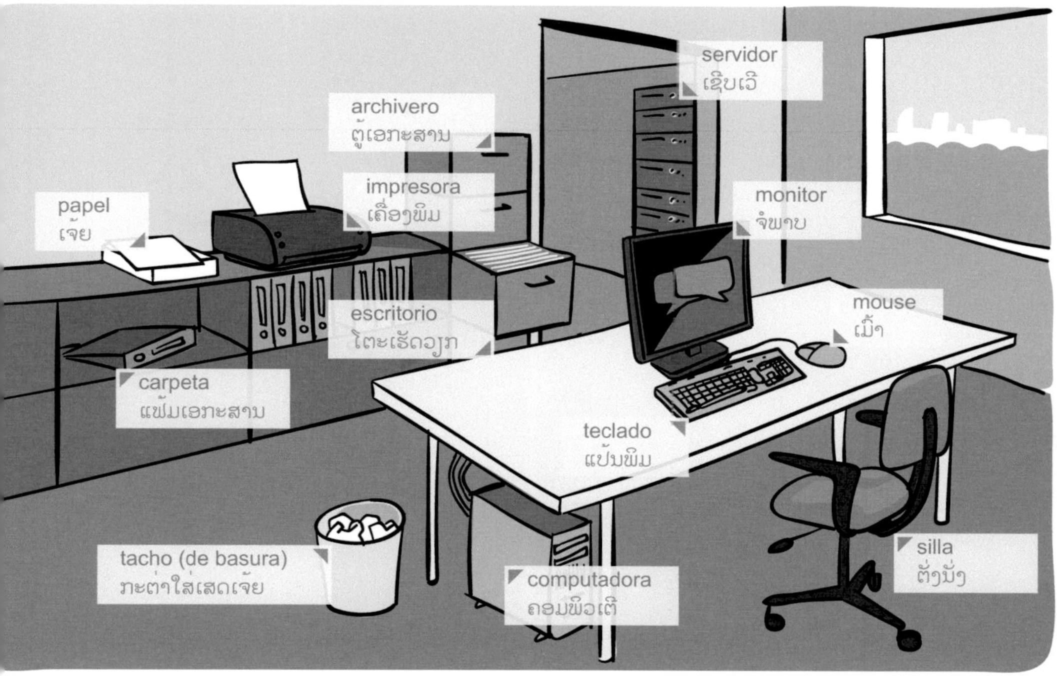

servidor
ເຊີບເວີ

archivero
ຕູ້ເອກະສານ

impresora
ເຄື່ອງພິມ

monitor
ຈໍພາບ

papel
ເຈ້ຍ

escritorio
ໂຕະເຮັດວຽກ

mouse
ເມົ້າ

carpeta
ແຟ້ມເອກະສານ

teclado
ແປ້ນພິມ

tacho (de basura)
ກະຕ່າໃສ່ເສດເຈ້ຍ

silla
ຕັ່ງນັ່ງ

computadora
ຄອມພິວເຕີ

taza de café

ຈອກທີ່ມໃສ່ກາເຟ

calculadora

ເຄື່ອງຄິດເລກ

internet

ອິນເຕີເນັດ

laptop

ຄອມພິວເຕີແລັບທັອບ

carta

ຈົດໝາຍ

mensaje

ຂໍ້ຄວາມ

celular

ໂທລະສັບມືຖື

red

ເຄືອຂ່າຍ

fotocopiadora

ເຄື່ອງຖ່າຍເອກະສານ

software

ຊອບແວ

teléfono

ໂທລະສັບ

tomacorriente

ປັກໄຟ

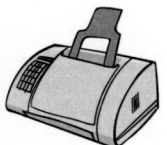

fax

ເຄື່ອງແຟັກ

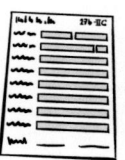

formulario

ແບບຟອມ

documento

ເອກະສານ

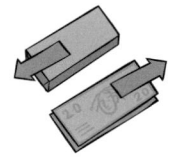

comprar

ຊື້

pagar

ຈ່າຍ

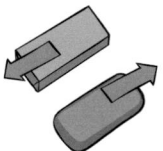

hacer negocios

ຄ້າຂາຍ

dinero

ເງິນ

dólar

ເງິນດອນລາ

euro

ເງິນຢູໂຣ

yen

ເງິນເຢນ

rublo

ເງິນຣູເບິລ

franco suizo

ເງິນຝຣັງສະວິດ

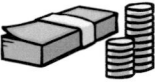

yuan

ເງິນຢວນເຮັນພິນບີ້

rupia

ເງິນຣູປີ

cajero automático

ເຄື່ອງສຳລັບກົດເງິນສົດຈາກທະນະ
ຄານ

casa de cambio

ບ່ອນແລກປ່ຽນເງິນຕາ

oro

ທອງຄຳ

plata

ເງິນ

petróleo

ນ້ຳມັນ

energía

ພະລັງງານ

precio

ລາຄາ

contrato

ສັນຍາ

impuesto

ພາສີ

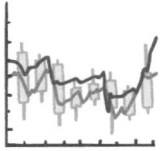

acción

ຫຸ້ນ

trabajar

ເຮັດວຽກ

empleado

ລູກຈ້າງ

empleador

ນາຍຈ້າງ

fábrica

ໂຮງງານ

negocio

ທຸລະກິດ

policía
ເຈົ້າໜ້າທີ່ຕຳຫຼວດ

bombero
ພະນັກງານດັບເພີງ

cocinero
ພໍ່ຄົວ

médico
ທ່ານໝໍ

piloto
ນັກບິນ

jardinero

ຂາວສວນ

carpintero

ຊ່າງໄມ້

modista

ຊ່າງຫຍິບຜ້າທີ່ເປັນຜູ້ຍິງ

juez

ຜູ້ພິພາກສາ

farmacéutico

ນັກເຄມີ

actor

ນັກສະແດງຊາຍ

colectivero

ຄົນຂັບລົດເມປະຈຳທາງ

taxista

ຄົນຂັບແທັກຊີ

pescador

ຊາວປະມົງ

mucama

ແມ່ບ້ານທຳຄວາມສະອາດ

techista

ຊ່າງມຸງຫຼັງຄາ

mozo

ຄົນເສີບຂາຍ

cazador

ນາຍພານ

pintor

ຊ່າງທາສີ

panadero

ຄົນເຮັດເຂົ້າໜົມປັ໋ງ

electricista

ຊ່າງໄຟຟ້າ

albañil

ຊ່າງກໍ່ສ້າງ

ingeniero

ວິສະວິກອນ

carnicero

ຄົນຂາຍຊີ້ນ

plomero

ຊ່າງນ້ຳປະປາ

cartero

ບູລຸດໄປສະນີ

soldado

ທະຫານ

arquitecto

ສະຖາປະນິກ

cajero

ພະນັກງານເກັບສິດ

florista

ຄົນຂາຍດອກໄມ້

peluquero

ຊ່າງແຕ່ງຜົມ

cobrador

ພະນັກງານກວດປີ້ລົດ

mecánico

ຊ່າງສ້ອມລົດຍົນ

capitán

ຜູ້ບັງຄັບການ

dentista

ທັນຕະແພດ

científico

ນັກວິທະຍາສາດ

rabino

ພະໃນສາສະໜາຢິວ

imán

ຜູ້ນຳຊາວມຸສລິມ

monje

ຄຸບາ

sacerdote

ນັກບວດ

herramientas
ເຄື່ອງມື

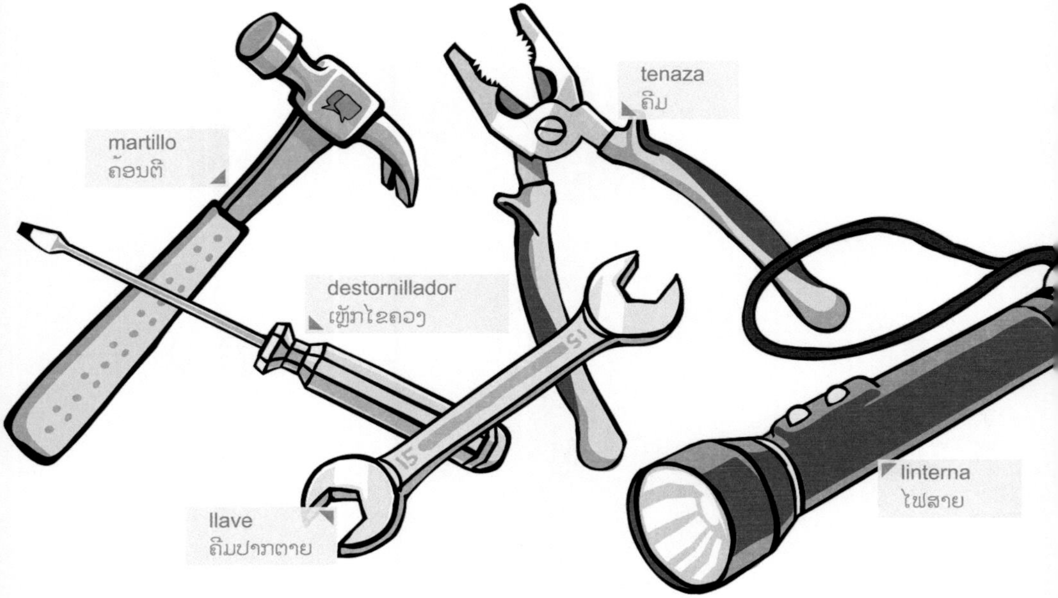
martillo
ຄ້ອນຕີ
tenaza
ຄີມ
destornillador
ເຫຼັກໄຂຄວງ
llave
ຄີມປາກຕາຍ
linterna
ໄຟສາຍ

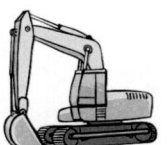

excavadora

ເຄື່ອງຂູດ

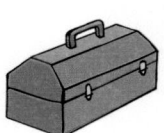

caja de herramientas

ກັບເຄື່ອງມື

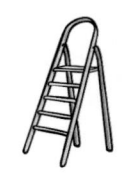

escalera portátil

ຂັ້ນໄດ

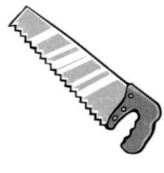

sierra

ເລື່ອຍ

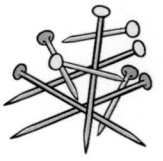

clavos

ຕະປູ

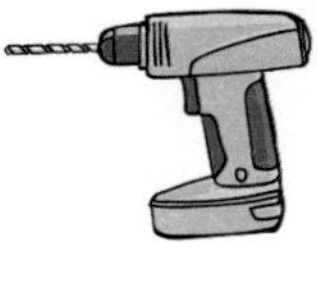

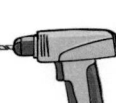

taladro

ເຫຼັກຊີ

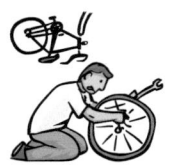

arreglar
ສ້ອມແປງ

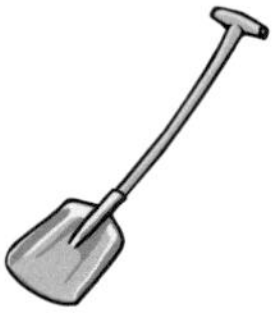

pala de jardín
ຊວ້ານ

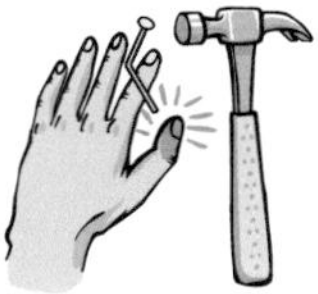

¡Qué bronca!
ຕາຍຫ່າ!

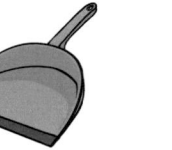

pala de plástico
ຂອງຊວ້ານຂີ້ເຫຍື້ອ

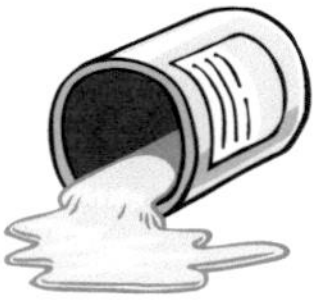

tacho de pintura
ຖັງສີ

tornillos
ຕະປູກຽວ

instrumentos musicales
ເຄື່ອງດົນຕີ

parlante
ລຳໂພງ

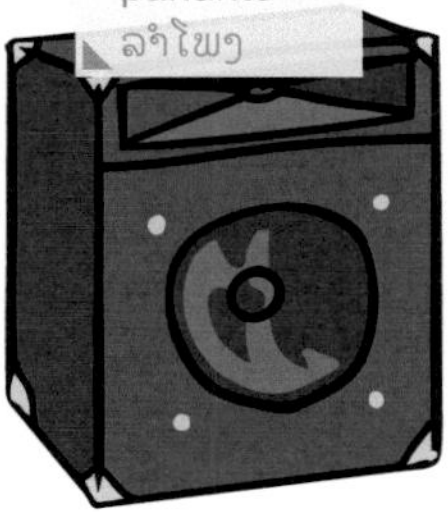

batería
ກອງຊຸດ

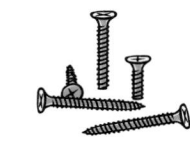

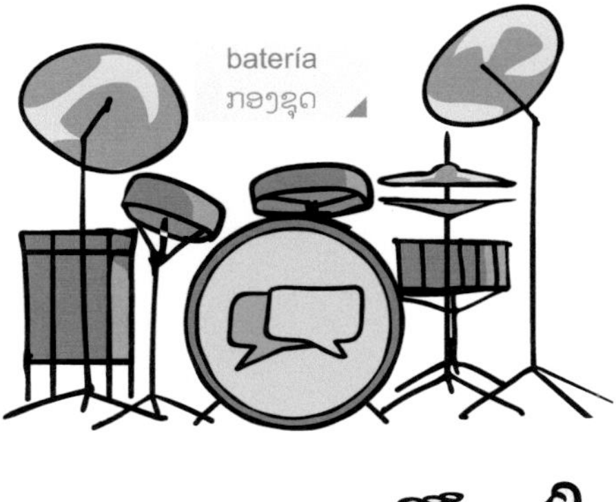

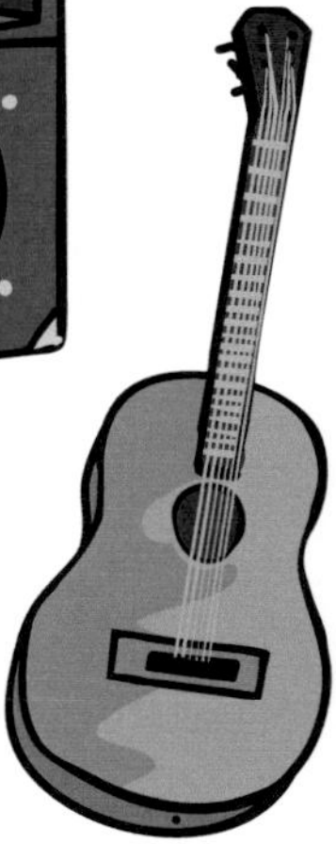

guitarra
ກີຕ້າ

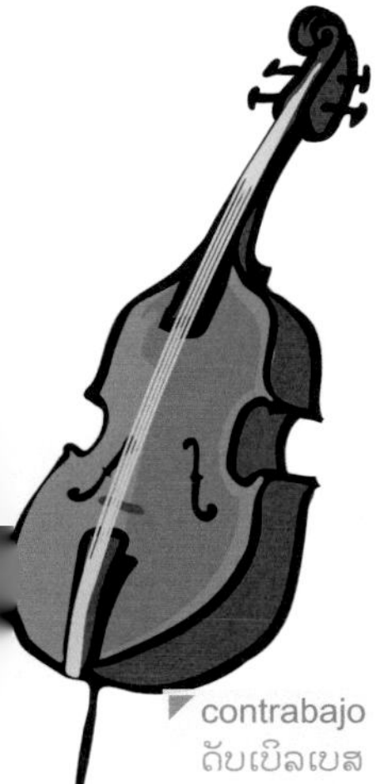

contrabajo
ດັບເບີລເບສ

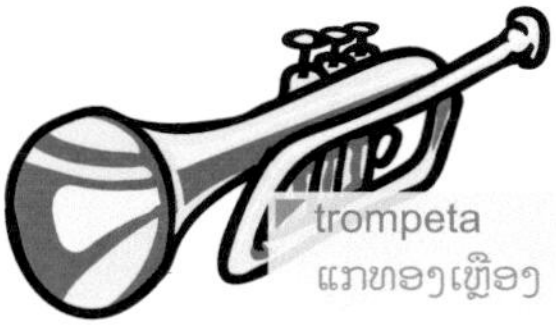

trompeta
ແກທອງເຫຼືອງ

piano

เปยโบ

violín

ไวโอลิม

bajo

เบส

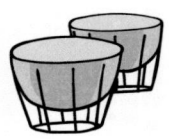

timbales

ກອງທິມປານິ

tambor

ກອງຂຸດ

teclado

ຄິບອດ

saxofón

แຊັກໂຊໂຟນ

flauta

ຂຸຍ

micrófono

ไมโຄຣໂฟນ

zoológico
ສວນສັດ

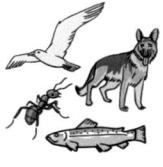

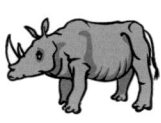

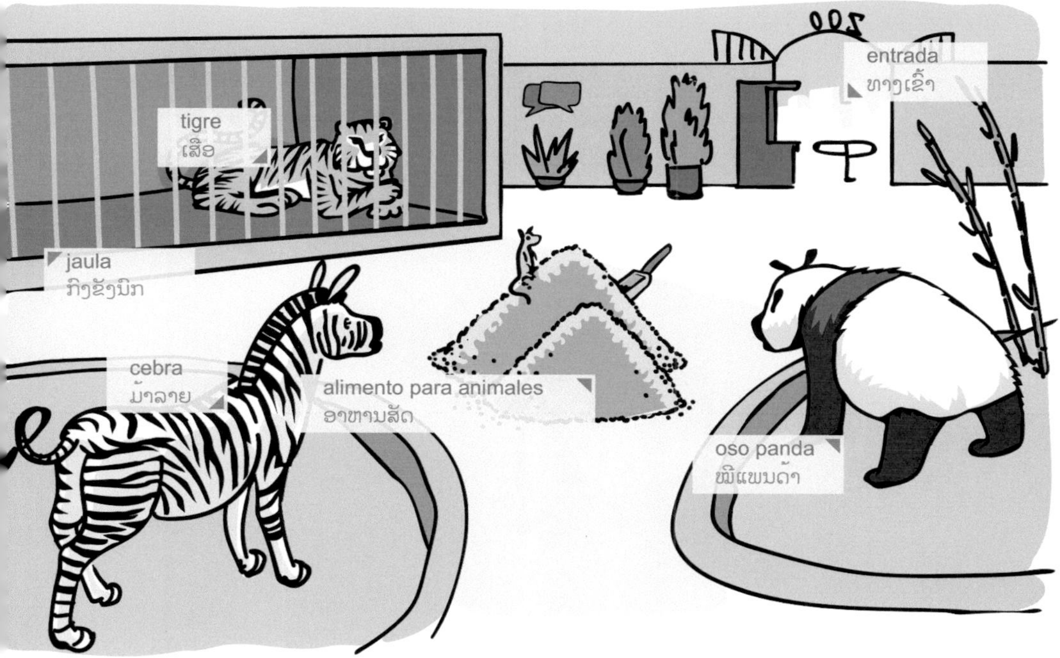
entrada
ທາງເຂົ້າ
tigre
ເສືອ
jaula
ກົງຂັງນົກ
cebra
ມ້າລາຍ
alimento para animales
ອາຫານສັດ
oso panda
ໝີແພນດ້າ

animales
ສັດ

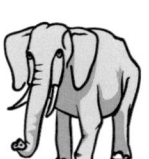

elefante
ຊ້າງ

canguro
ກັງກາຣູ

rinoceronte
ແຮດ

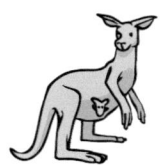

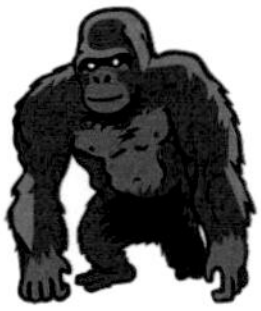

gorila
ລີງໂທນໃຫຍ່

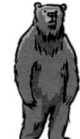

oso
ໝີ

camello

ອູດ

avestruz

ນົກກະຈອກເທດ

león

ສິງໂຕ

mono

ລິງ

flamenco

ນົກຟລາມິງໂກ

loro

ນົກແກ້ວ

oso polar

ໝີຂົ້ວໂລກ

pingüino

ນົກເພັນກວິນ

tiburón

ປາສະຫຼາມ

pavo real

ນົກຍູງ

serpiente

ງູ

cocodrilo

ແຂ້

cuidador del zoológico

ຜູ້ເບິ່ງແຍງສວນສັດ

foca

ແມວນ້ຳ

jaguar

ເສືອຈາກົວ

poni

ມ້າພັນນ້ອຍ

leopardo

ເສືອດາວ

hipopótamo

ຮິບໂປ

jirafa

ໂຕຈິຣາຟ

águila

ຫງ່ວ

jabalí

ຫມູປ່າຕົວຜູ້

pescado

ປາ

tortuga

ເຕົ່າ

morsa

ຊ້າງນ້ຳ

zorro

ຫມາຈອກ

gacela

ກວາງນ້ອຍ

fútbol americano
ອາເມລິກັນຟຸດບອນ

ciclismo
ຂີ່ລົດຖີບ

tenis
ກິລາເທນນິສ

básquet
ບັສເກັດບອລ

natación
ກິລາລອຍນ້ຳ

boxeo
ຊົກມວຍ

hockey sobre hielo
ກິລາຕີຄີເດີນນ້ຳແຂງ

fútbol
ກິລາເຕະບານ

bádminton
ກິລາຕີດອກປີກໄກ່

atletismo
ກິລາປະເພດ ແລ່ນ
ເຕັ້ນແລະແກວ່ງ

handball
ແຮນບອລ

esquí
ກິລາສະກີ້

polo
ກິລາໂປໂລມ້າ

saltar
ໂດດ

abrazar
ກອດ

reír
ຫົວ

caminar
ຍ່າງ

cantar
ຮ້ອງເພງ

rezar
ໄຫວ້ພະ / ສວດມົນ

besar
ຈູບ

soñar
ຝັນ

escribir

ຂຽນ

dibujar

ແຕ້ມ

mostrar

ສະແດງ

presionar

ຢູ້

dar

ໃຫ້

tomar

ເອົາໄປ

tener

ມີ

hacer

ເຮັດ

ser

ເປັນ

estar parado

ຢືນ

correr

ແລ່ນ

tirar

ດຶງ

tirar

ໂຍນ

caer

ລົ້ມ

estar acostado

ນອນຢຽດ

esperar

ລໍຖ້າ

llevar

ຖື

estar sentado

ນັ່ງ

vestirse

ແຕ່ງຕົວ

dormir

ນອນຫຼັບ

despertar

ຕື່ນນອນ

mirar

ເບິ່ງ

llorar

ຮ້ອງໄຫ້

acariciar

ລູບ

peinar

ຫວີຜົມ

hablar

ລົມ

entender

ເຂົ້າໃຈ

preguntar

ຄຳຖາມ

escuchar

ຟັງ

beber

ດື່ມ

comer

ກິນ

ordenar

ຈັດໃຫ້ເປັນລະບຽບ

amar

ຮັກ

cocinar

ຄົວກິນ

manejar

ຂັບລົດ

volar

ບິນ

navegar

ແລ່ນເຮືອ

calcular

ຄິດໄລ່

leer

ອ່ານ

aprender

ຮຽນຮູ້

trabajar

ເຮັດວຽກ

casarse

ແຕ່ງງານ

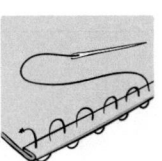

coser

ຫຍິບ

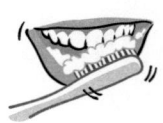

cepillarse los dientes

ແປງຟັນ

matar

ຂ້າ

fumar

ສູບຢາ

enviar

ສົ່ງ

familia
ຄອບຄົວ

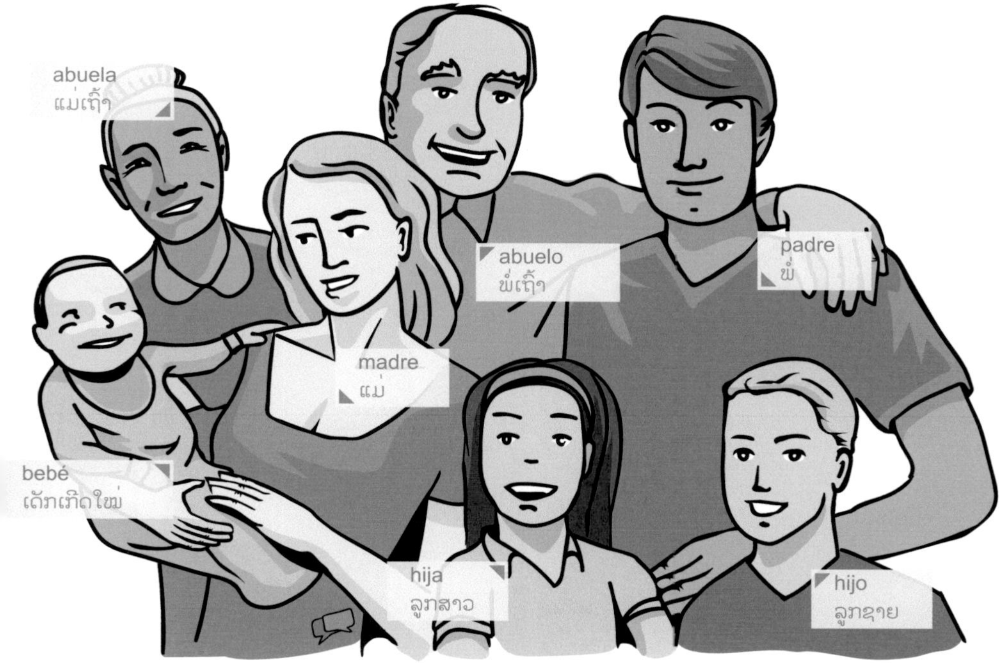
abuela
ແມ່ເຖົ້າ
abuelo
ພໍ່ເຖົ້າ
padre
ພໍ່
madre
ແມ່
bebé
ເດັກເກີດໃໝ່
hija
ລູກສາວ
hijo
ລູກຊາຍ

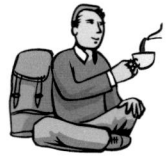

invitado
ແຂກ

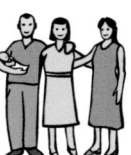

tía
ປ້າ

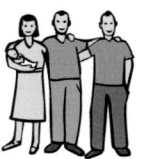

tío
ລຸງ

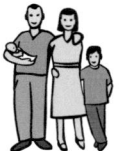

hermano
ອ້າຍນ້ອງ

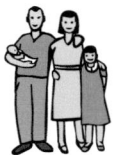

hermana
ເອື້ອຍນ້ອງ

cuerpo
ຮາງກາຍ

frente
ໜ້າຜາກ
ojo
ຕາ
hombro
ບ່າໄຫຼ່
dedo
ນິ້ວມື
cara
ໃບໜ້າ
pera
ຄາງ
mano
ມື
pierna
ຂາ
pecho
ໜ້າເອິກ
brazo
ແຂນ

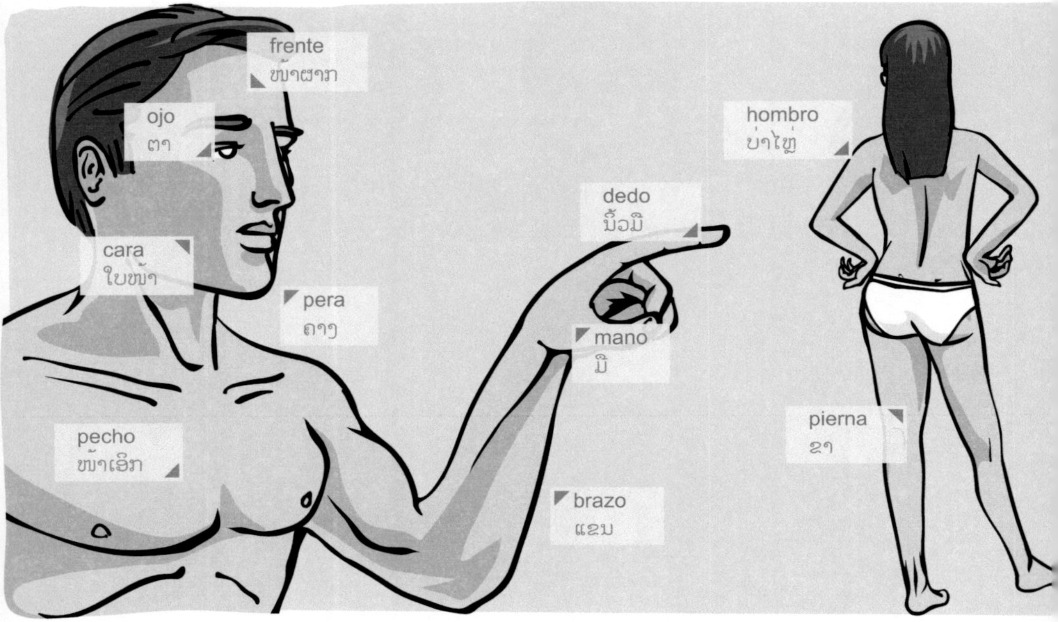

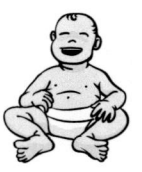

bebé

ເດັກເກີດໃໝ່

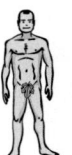

hombre

ຜູ້ຊາຍ

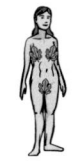

mujer

ຜູ້ຍິງ

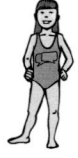

nena

ເດັກຍິງ

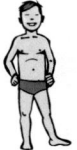

nene

ເດັກຊາຍ

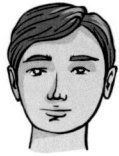

cabeza

ຫົວ

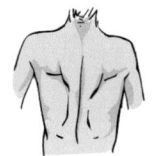

espalda

ຫຼັງ

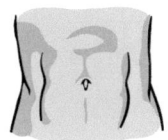

panza

ທ້ອງ

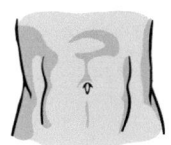

ombligo

ສະບື

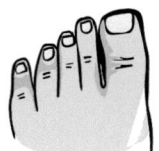

dedo del pie

ນິ້ວຕີນ

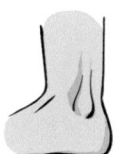

talón

ສົ້ນຕີນ

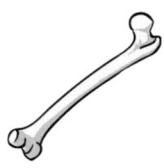

hueso

ກະດູກ

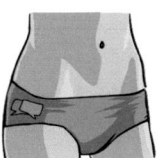

cadera

ກະໂພກ

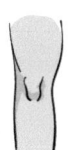

rodilla

ຫົວເຂົ່າ

codo

ແຂນສອກ

nariz

ດັງ

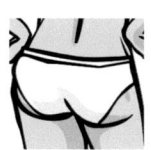

cola

ກົ້ນ

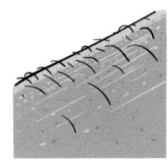

piel

ຜິວໜັງ

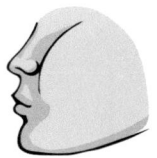

cachete

ແກ້ມ

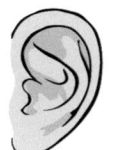

oreja

ຫູ

labio

ຮີມສິບ

boca

ປາກ

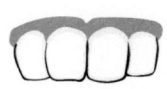

diente

ແຂ້ວ

lengua

ລີ້ນ

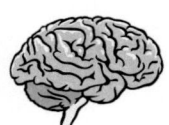

cerebro

ສະໝອງ

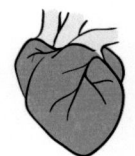

corazón

ຫົວໃຈ

músculo

ກ້າມເນື້ອ

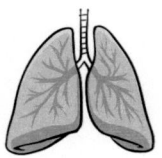

pulmón

ປອດ

hígado

ຕັບ

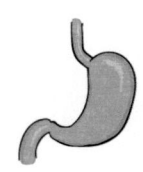

estómago

ກະເພາະ

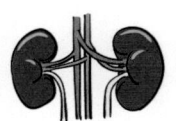

riñones

ໄຕ

sexo

ເພດສຳພັນ

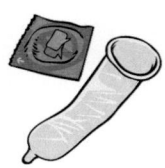

preservativo

ຖົງຍາງອະນາໄມ

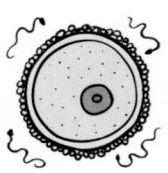

óvulo

ເຊັ່ລສືບພັນ

semen

ນ້ຳອະສຸຈິ

embarazo

ການຖືພາ

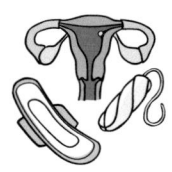

menstruación

ປະຈຳເດືອນ

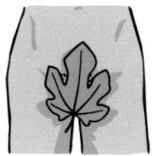

vagina

ຊ່ອງຄອດ

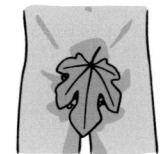

pene

ອະໄວຍະອະເພດຊາຍ

ceja

ຄີ້ວ

pelo

ເສັ້ນຜົມ

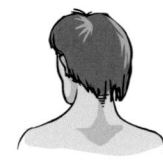

cuello

ຄໍ

hospital
ໂຮງໝໍ

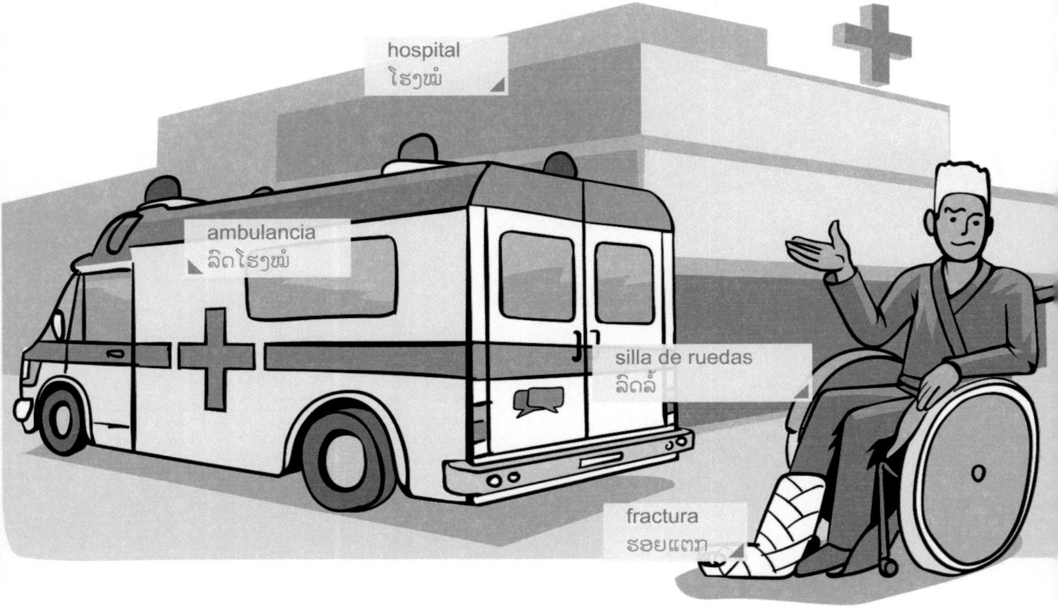

hospital
ໂຮງໝໍ
ambulancia
ລົດໂຮງໝໍ
silla de ruedas
ລົດລໍ້
fractura
ຮອຍແຕກ

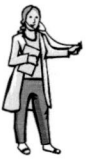

médico

ທ່ານໝໍ

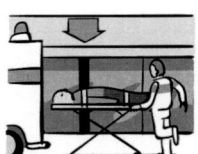

sala de guardia

ຫ້ອງສຸກເສີນ

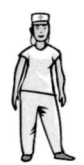

enfermera

ພະຍາບານ

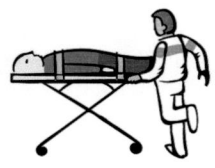

emergencia

ສຸກເສີນ

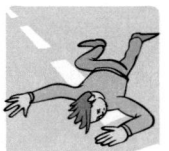

inconsciente

ໝົດສະຕິ

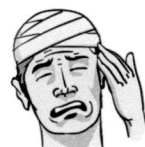

dolor

ອາການເຈັບປວດ

lesión

ການບາດເຈັບ

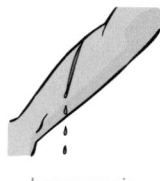

hemorragia

ເລືອດໄຫຼ

infarto

ຫົວໃຈວາຍ

ACV

ໂຣກຫຼອດເລືອດໃນສະໝອງ

alergia

ອາການແພ້

tos

ໄອ

fiebre

ໄຂ້

gripe

ໄຂ້ຫວັດ

diarrea

ຖອກທ້ອງ

dolor de cabeza

ເຈັບຫົວ

cáncer

ໂຣກມະເລງ

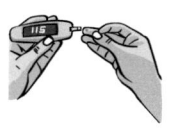

diabetes

ພະຍາດເບົາຫວານ

cirujano

ໝໍຜ່າຕັດ

bisturí

ມີດຜ່າຕັດ

operación

ການຜ່າຕັດ

TC

เถื่องเอ็กเຊิเธดอมพ์ວเต

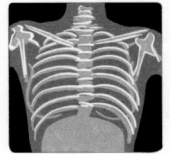

rayos x

เอ็กຊ໌-เຣ

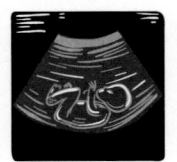

ecografía

ອຸลຕຣາຊາວ (ultrasound)

barbijo

ຫ້ากากอะบาไม

enfermedad

พะยาด

sala de espera

ຫ້ອງลำຖ້າ

muleta

ไม້ค້ำຂ້ແຮ້

curita

ผ້າยางຕิดบาด

venda

ผ້าพันแผ

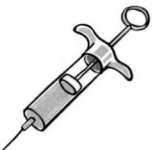

inyección

ສັກຢາ

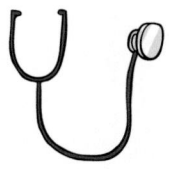

estetoscopio

เถื่องฟັງปอดຫົວใจ

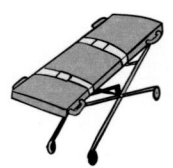

camilla

เปຫາມถົมเจັບ

termómetro

บาຫຼอดວັดໄຂ້

nacimiento

ภาบเກิด

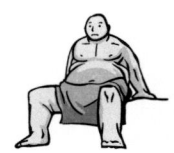

sobrepeso

ນ້ຳໜັກເກີນ

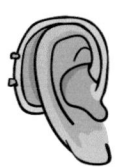

audífono

ເຄື່ອງຊ່ວຍຟັງ

desinfectante

ນ້ຳຢາຂ້າເຊື້ອ

infección

ການຕິດເຊື້ອ

virus

ເຊື້ອໄວຣັສ

VIH / SIDA

HIV / ເອດສ໌

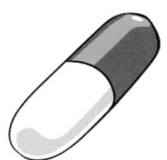

remedio

ຢາ

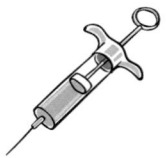

vacunación

ການສັກວັກຊິນ

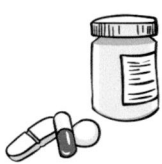

comprimidos

ຢາເມັດ

pastilla anticonceptiva

ຢາເມັດ

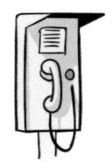

llamada de emergencia

ໂທຣອກສຸກເສີນ

tensiómetro

ເຄື່ອງວັດຄວາມດັນເລືອດ

enfermo / sano

ໄຂ້ / ສຸຂະພາບດີ

¡Ayuda!
ຊ່ວຍດ້ວຍ!

alarma
ສັນຍານເຕືອນໄພ

agresión
ການທຳຮ້າຍຮ່າງກາຍ

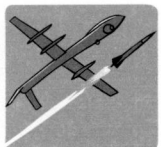

ataque
ການໂຈມຕີ

peligro
ອັນຕະລາຍ

salida de emergencia
ທາງອອກສຸກເສີນ

¡Fuego!
ໄຟໄໝ້!

matafuego
ປັ້ງດັບເພິງ

accidente
ອຸປະຕິເຫດ

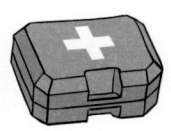

botiquín de primeros
auxilios
ຊຸດປະຖົມພະຍາບານຂັ້ນຕົ້ນ

SOS
ສັນຍານຂໍຄວາມຊ່ວຍເຫຼືອ

policía
ຕຳຫຼວດ

Europa

ເອີຣົບ

América del Norte

ອາເມລິກາເໜືອ

América del Sur

ອາເມລິກາໃຕ້

África

ອາຟຣິກາ

Asia

ເອເຊຍ

Australia

ອອສເຕຣເລຍ

Atlántico

ແອດແລນຕິກ

Pacífico

ປາຊີຟິກ

Océano Índico

ມະຫາສະໝຸດອິນເດຍ

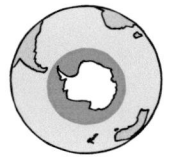

Océano Antártico

ມະຫາສະໝຸດແອນຕາຣຕິກ

Océano Ártico

ມະຫາສະໝຸດອາກຕິກ

polo norte

ຂົ້ວໂລກເໜືອ

polo sur

ຂົ້ວໂລກໃຕ້

Antártida

ແອນຕາຣຕິກາ

Tierra

ໂລກ

tierra

ດິນ

mar

ທະເລ

isla

ເກາະ

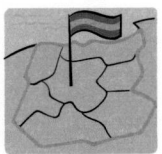

nación

ຊາດ / ປະເທດຊາດ

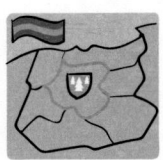

estado

ລັດ

esfera

ໜ້າປັດໂມງ

manecilla de las horas

ເຂັມໂມງ

minutero

ເຂັມນາທີ

segundero

ເຂັມວິນາທີ

¿Qué hora es?

ຈັກໂມງແລ້ວ?

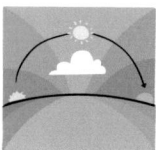

día

ວັນ

hora

ເວລາ

ahora

ຕອນນີ້

reloj digital

ໂມງດິຈິຕອລ

minuto

ນາທີ

hora

ຊົ່ວໂມງ

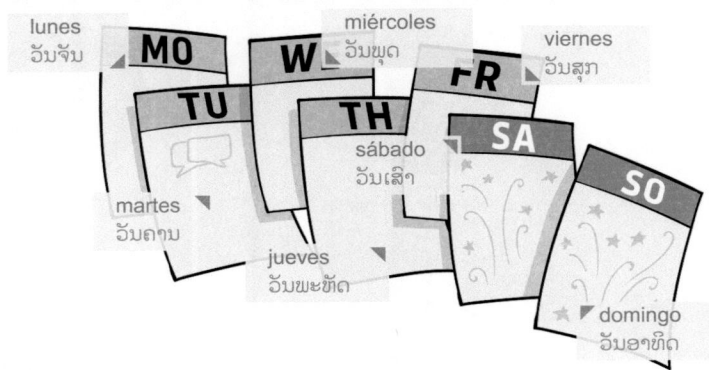

lunes
ວັນຈັນ

MO

miércoles
ວັນພຸດ

W

viernes
ວັນສຸກ

FR

TU

TH

SA

martes
ວັນຄານ

jueves
ວັນພະຫັດ

sábado
ວັນເສົາ

SO

domingo
ວັນອາທິດ

ayer
ມື້ວານນີ້

hoy
ມື້ນີ້

mañana
ມື້ອື່ນ

mañana
ຕອນເຊົ້າ

mediodía
ຕອນທ່ຽງ

tarde
ຕອນແລງ

MO	TU	WE	TH	FR	SA	SU
1	2	3	4	5	6	7
8	9	10	11	12	13	14
15	16	17	18	19	20	21
22	23	24	25	26	27	28
29	30	31	1	2	3	4

días hábiles
ວັນເຮັດວຽກ

MO	TU	WE	TH	FR	SA	SU
1	2	3	4	5	6	7
8	9	10	11	12	13	14
15	16	17	18	19	20	21
22	23	24	25	26	27	28
29	30	31	1	2	3	4

fin de semana
ທ້າຍສັບປະດາ

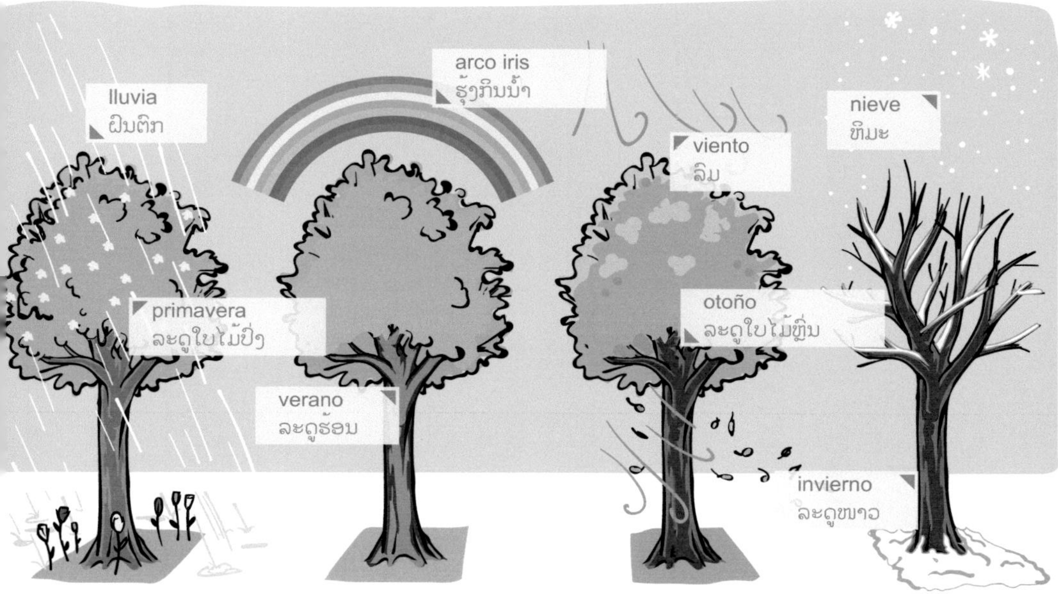

lluvia
ຝົນຕົກ

arco iris
ຮຸ້ງກິນນ້ຳ

viento
ລົມ

nieve
ຫິມະ

primavera
ລະດູໃບໄມ້ປົ່ງ

verano
ລະດູຮ້ອນ

otoño
ລະດູໃບໄມ້ຫຼົ່ນ

invierno
ລະດູໜາວ

pronóstico meteorológico

ການພະຍາກອນອາກາດ

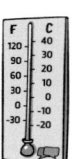

termómetro

ເຄື່ອງວັດອຸນຫະພູມ

luz del sol

ແສງແດດ

nube

ຂີ້ເຝື່ອ

niebla

ໝອກ

humedad

ຄວາມຊຸ່ມ

rayo

ສາຍຟ້າແມບ

trueno

ຟ້າຮ້ອງ

tormenta

ພະຍຸ

granizo

ໝາກເຫັບ

monzón

ລົມມໍລະສຸມ

inundación

ນ້ຳຖ້ວມ

hielo

ນ້ຳກ້ອນ

enero

ມັງກອນ

febrero

ກຸມພາ

marzo

ມີນາ

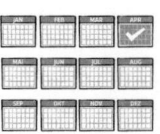

abril

ເມສາ

mayo

ພຶດສະພາ

junio

ມິຖຸນາ

julio

ກໍລະກົດ

agosto

ສິງຫາ

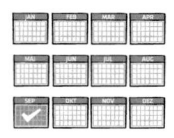

septiembre

ກັນຍາ

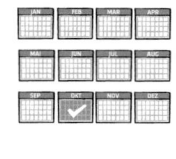

octubre

ຕຸລາ

noviembre

ພະຈິກ

diciembre

ທັນວາ

formas

ຮູບຮ່າງ

círculo

ວົງມົນ

cuadrado

ສີ່ຫຼ່ຽມ

rectángulo

ຮູບສີ່ຫຼ່ຽມມຸມສາກ

triángulo

ສາມຫຼ່ຽມ

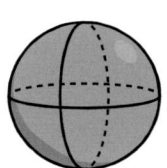

esfera

ໜ່ວຍກົມ

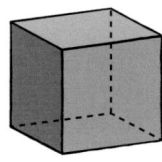

cubo

ຮູບສີ່ຫຼ່ຽມມົນທົນ

blanco

ສີຂາວ

amarillo

ສີເຫຼືອງ

naranja

ສີສົ້ມ

rosa

ສີບົວ

rojo

ສີແດງ

violeta

ສີມ່ວງ

azul

ສີຟ້າ

verde

ສີຂຽວ

marrón

ສີນ້ຳຕານ

gris

ສີເທົາ

negro

ສີດຳ

mucho / poco

ຫຼາຍ / ໜ້ອຍ

enojado / tranquilo

ໃຈຮ້າຍ / ໃຈເຢັນ

lindo / feo

ງາມ / ຂີ້ຮ້າຍ

principio / fin

ການເລີ່ມຕົ້ນ / ການສິ້ນສຸດ

grande / chico

ໃຫຍ່ / ໜ້ອຍ

claro / oscuro

ແຈ້ງ / ມືດ

hermano / hermana

ນ້ອງຊາຍຫຼືອ້າຍ /
ນ້ອງສາວຫຼືເອື້ອຍ

limpio / sucio

ສະອາດ / ເປື້ອນ

completo / incompleto

ສຳເລັດ / ບໍ່ສຳເລັດ

día / noche

ກາງວັນ / ກາງຄືນ

muerto / vivo

ຕາຍ / ມີຊີວິດ

ancho / angosto

ກວ້າງ / ແຄບ

comestible / no comestible

ກິນໄດ້ / ກິນບໍ່ໄດ້

malo / amable

ຂີ້ຮ້າຍ / ໃຈດີ

entusiasmado / aburrido

ຫ້າຕື່ນເຕັ້ນ / ຫ້າເບື່ອ

gordo / flaco

ອ້ວນ / ຈ່ອຍ

primero / último

ທຳອິດ / ສຸດທ້າຍ

amigo / enemigo

ເພື່ອນ / ສັດຕູ

lleno / vacío

ເຕັມ / ວ່າງເປົ່າ

duro / blando

ແຂງ / ນຸ້ມ

pesado / liviano

ໜັກ / ເບົາ

hambre / sed

ຄວາມຫິວ / ຄວາມຫິວນ້ຳ

enfermo / sano

ໄຂ້ / ສຸຂະພາບດີ

ilegal / legal

ຜິດກົດໝາຍ / ຖືກກົດໝາຍ

inteligente / estúpido

ສະຫຼາດ / ໂງ່

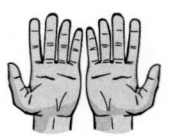

izquierda / derecha

ຊ້າຍ / ຂວາ

cerca / lejos

ໃກ້ / ໄກ

nuevo / usado

ໃໝ່ / ໃຊ້ແລ້ວ

nada / algo

ບໍ່ມີຫຍັງ / ບາງສິ່ງບາງຢ່າງ

viejo / joven

ແກ່ / ໜຸ່ມ

encendido / apagado

ເປີດ / ປິດ

abierto / cerrado

ເປີດ / ປິດ

silencioso / ruidoso

ງຽບ / ດັງ

rico / pobre

ຮັ່ງມີ / ຍາກຈິນ

correcto / incorrecto

ຖືກ / ຜິດ

áspero / suave

ບໍ່ລຽບ / ລຽບ

triste / contento

ໂສກເສົ້າ / ດີໃຈ

corto / largo

ສັ້ນ / ຍາວ

lento / rápido

ຊ້າ / ໄວ

mojado / seco

ປຽກ / ແຫ້ງ

caliente / frío

ອ້ບອຸ່ນ / ໜາວເຢັນ

guerra / paz

ສົງຄາມ / ສັນຕິພາບ

0

cero

ສູນ

1

uno

ໜຶ່ງ

2

dos

ສອງ

3

tres

ສາມ

4

cuatro

ສີ່

5

cinco

ຫ້າ

6

seis

ຫົກ

7

siete

ເຈັດ

8

ocho

ແປດ

9

nueve

ເກົ້າ

10

diez

ສິບ

11

once

ສິບເອັດ

12
doce

ສິບສອງ

13
trece

ສິບສາມ

14
catorce

ສິບສີ່

15
quince

ສິບຫ້າ

16
dieciséis

ສິບຫົກ

17
diecisiete

ສິບເຈັດ

18
dieciocho

ສິບແປດ

19
diecinueve

ສິບເກົ້າ

20
veinte

ຊາວ

100
cien

ຫນຶ່ງຮ້ອຍ

1.000
mil

ຫນຶ່ງພັນ

1.000.000
millón

ຫນຶ່ງລ້ານ

ພາສາ

inglés
ພາສາອັງກິດ

inglés americano
ພາສາອັງກິດແບບອາເມລິກັນ

chino mandarín
ພາສາຈີນແມນດາຣິນ

hindi
ພາສາຮິນດີ

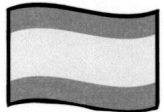

español
ພາສາສະເປນ

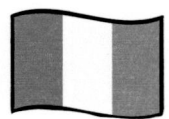

francés
ພາສາຝຣັ່ງເສດ

árabe
ພາສາອາຣັບ

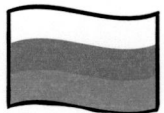

ruso
ພາສາຣັດເຊຍ

portugués
ພາສາປ໊ອກຕຸຍການ

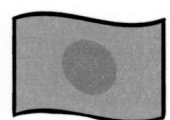

bengalí
ພາສາແບງກາອລ

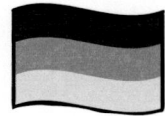

alemán
ພາສາເຍຍລະມັນ

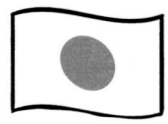

japonés
ພາສາຍີ່ປຸ່ນ

yo

ຂ້ອຍ

vos

ເຈົ້າ

él / ella

ລາວ (ຜູ້ຊາຍ) / ລາວ (ຜູ້ຍິງ) ໌ /
ມັນ

nosotros

ພວກເຮົາ

ustedes

ພວກເຈົ້າ

ellos

ພວກເຂົາ

¿quién?

ໃຜ?

¿qué?

ແມ່ນຫຍັງ?

¿cómo?

ແນວໃດ?

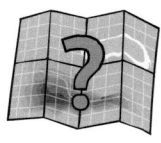

¿dónde?

ຢູ່ໃສ?

¿cuándo?

ເມື່ອໃດ?

nombre

ຊື່

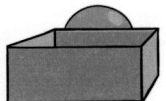

detrás

ຢູ່ທາງຫຼັງ

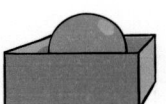

en

ໃນ

adelante de

ຢູ່ທາງໜ້າ

por encima de

ເໜືອກວ່າ

sobre

ຢູ່ເທິງ

debajo de

ຢູ່ກ້ອງ

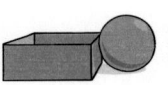

al lado de

ທາງຂ້າງ

entre

ຢູ່ລະຫວ່າງ

lugar

ສະຖານທີ່